中国全図
乌鲁木齐
Wūlǔmùqí
新疆维吾尔自治区
Xīnjiāng Wéiwú'ěr Zìzhìqū
甘肃省
Gānsū Shěng
宁夏回族自治区
Níngxià Huízú Zìzhìq
银川
Yínchuān
青海省
Qīnghǎi Shěng
西宁
Xīníng
兰州
Lánzhōu
西藏自治区
Xīzàng Zìzhìqū
四川省
Sìchuān Shěng
成都
Chéngdū
拉萨
Lāsà
贵州省
Guìzhōu Shěn
贵阳
Guìyán
云南省
Yúnnán Shěng
昆明
Kūnmíng

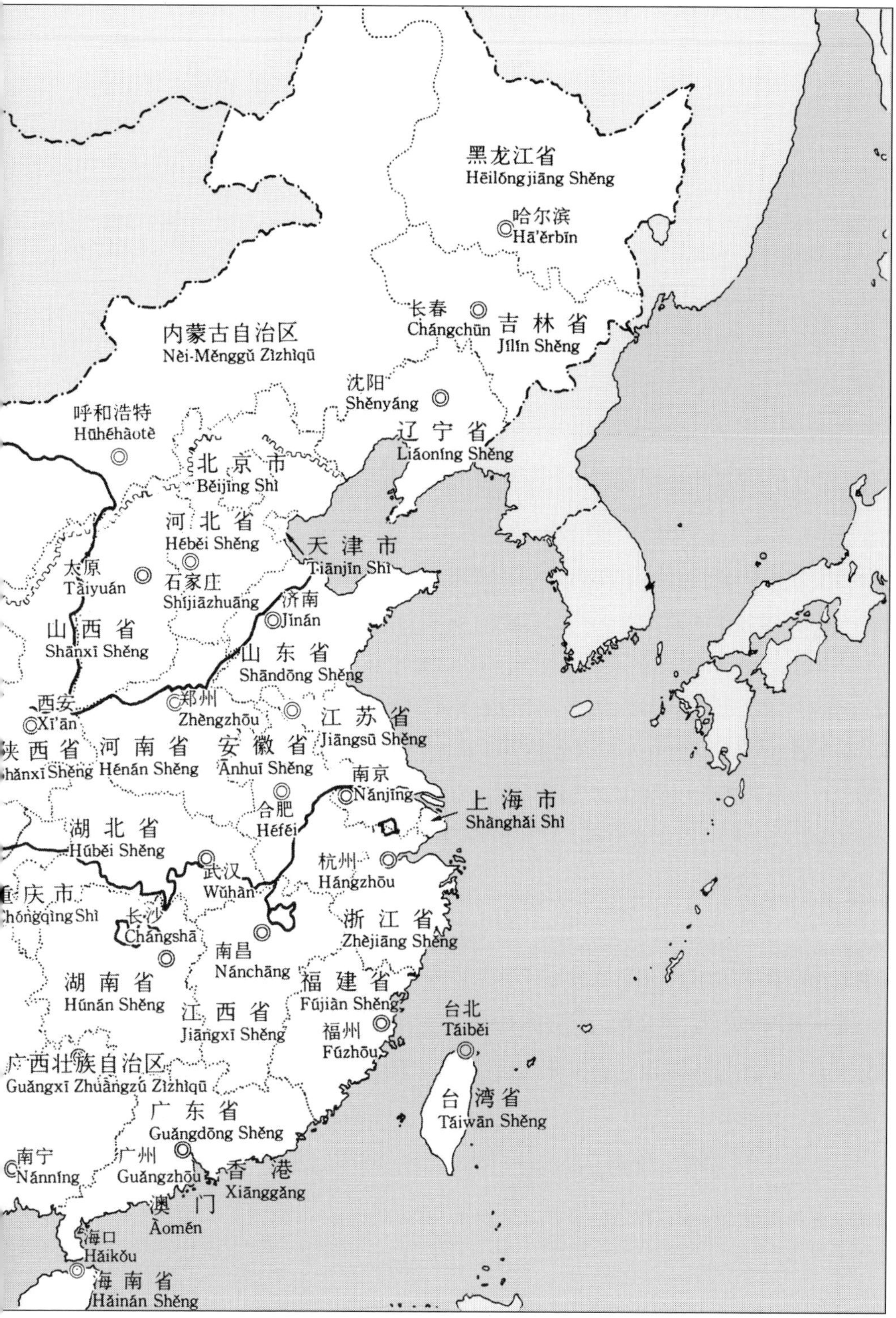
黑龙江省
Hēilóngjiāng Shěng
哈尔滨
Hā'ěrbīn
长春
Chángchūn
吉林省
Jílín Shěng
内蒙古自治区
Nèi-Měnggǔ Zìzhìqū
沈阳
Shěnyáng
辽宁省
Liáoníng Shěng
呼和浩特
Hūhéhàotè
北京市
Běijīng Shì
河北省
Héběi Shěng
天津市
Tiānjīn Shì
太原
Tàiyuán
石家庄
Shíjiāzhuāng
济南
Jǐnán
山西省
Shānxī Shěng
山东省
Shāndōng Shěng
西安
Xī'ān
郑州
Zhèngzhōu
江苏省
Jiāngsū Shěng
西省
hǎnxī Shěng
河南省
Hénán Shěng
安徽省
Ānhuī Shěng
南京
Nánjīng
上海市
Shànghǎi Shì
合肥
Héféi
湖北省
Húběi Shěng
杭州
Hángzhōu
武汉
Wǔhàn
庆市
hóngqìng Shì
长沙
Chángshā
浙江省
Zhèjiāng Shěng
南昌
Nánchāng
湖南省
Húnán Shěng
福建省
Fújiàn Shěng
江西省
Jiāngxī Shěng
台北
Táiběi
福州
Fúzhōu
广西壮族自治区
Guǎngxī Zhuàngzú Zìzhìqū
台湾省
Táiwān Shěng
广东省
Guǎngdōng Shěng
南宁
Nánníng
广州
Guǎngzhōu
香港
Xiānggǎng
澳门
Àomén
海口
Hǎikǒu
海南省
Hǎinán Shěng

WEB 上での音声ファイルダウンロードについて

■《汉语课本 Hànyǔ Kèběn》の音声ファイル（MP3）を無料でダウンロードすることができます。

「白帝社」で検索，または下記サイトにアクセスしてください。

http://www.hakuteisha.co.jp/news/n33797.html

※別途ダウンロードアプリや解凍アプリ（Clipbox など）が必要です。

スマートフォンからは上記 URL を直接入力するか，右の QR コードでアクセスすることができます。

■ 本文中の マークの箇所が音声ファイル（MP3）提供箇所です。ファイルは ZIP 形式で圧縮された形でダウンロードされます。

吹込：李軼倫，凌慶成，容文育，王京蒂

■ ダウンロードがご不便な場合は，実費にて CD に音声を入れてお送りします。下記までご連絡ください。

㈱白帝社　電話 03-3986-3271　E-mail：info@hakuteisha.co.jp

ご注意

＊ 音声の再生には，MP3 ファイルが再生できる機器などが別途必要です。

＊ ご使用機器，音声再生ソフトに関する技術的なご質問は，ハードメーカー，ソフトメーカーにお問い合わせください。

汉语课本

Hànyǔ Kèběn

小野秀樹・賈黎黎・吉川雅之
小嶋美由紀・李佳樑
著

白帝社

はじめに

本書は2020年4月からの使用に向けて新たに書き下ろした初級中国語の総合テキストである。まず「発音編」で現代中国語（共通語）の発音を体系的に習得し，そのあと「本編」で単語，会話，文法などの基礎的な知識を学ぶ。本書で使用されている単語の数は1,500語を超えるが，これは中国語検定の2級（2,000語）と3級（1,000語）で必要とされる語彙数のちょうど真ん中に当たる。初級テキストとしては少なからぬ情報量ではあるが，最後まで学習し終えれば，それに見合ったレベルの能力が身につくはずである。「本編」のあとに続く「読み物編」では，中国語の文章やスピーチを題材に編集執筆した。会話（口語表現）とは異なる中国語の一面を提示するとともに，中級以降の学習への橋渡しの意味も含んでいる。「本編」の各課にはドリルを付け，また巻末には語彙索引も収録している。

語学のテキストは，無論外国語の習得を目的として作られるものだが，一方で，その言語を用いる国や地域の情報を盛り込んで，学習者に文化や習慣などを紹介し，異文化に関する幅広い知識も得てもらえるように工夫を凝らす必要がある。本書でもその点を意識して作成しているが，周知のように中国社会の変化の速度はあまりにもはやく，たとえば，現在中国では広大な国土にもかかわらず，陸路（鉄道）を用いても，ほぼ全ての都市に北京から日帰りで行くことが可能であるし，また，都市部における人々の日常生活では，かなりの部分でキャッシュレスになりつつある。最新の情報を盛り込んだつもりでも，1，2年も経たないうちに状況がすっかり変わってしまうことも珍しくはない。本書に収められている諸情報は，2019年時点のものだということをご理解いただければ幸いである。

本書を執筆するにあたり，東京大学の楊凱栄先生と毛興華先生には，起稿の時から色々とご助言をいただいた。東京大学大学院（博士・修士課程）で中国語学を専攻する陳玥，王牧，黄若白，魏慧，郭嘉瑋の各氏には，例文の作成と執筆の補助作業をしていただいた。この場を借りて感謝の意を表したい。また，本書の出版にご協力いただいた白帝社の佐藤多賀子編集長にも厚く御礼申し上げたい。

2020年2月

著　者

目　次

本 編

読み物編

表紙デザイン：細谷桃恵
挿絵：トミタ制作室

発 音 編

発音編1　中国語とは？

1　漢語（汉语 Hànyǔ）

現在 14 億近い人口を擁する中国は，91% の「漢(民)族」と 9% の非漢民族（少数民族）からなっている。両者を合わせて「中華民族」と称する。55 の非漢民族で最も多いのは「壮《チワン》族」であり，約 1700 万人である。漢族の用いる言語を一般に“漢語 Hànyǔ”と呼ぶ。“漢語”は言語学的にはシナ・チベット語族というグループに属する。日本語や韓国・朝鮮語，ベトナム語とは系統を異にする言語である。

“漢語”とは通時的変遷（各時代の姿）と共時的変異（地理的変種・社会的変種），そして書かれた言葉と話された言葉両方を包括した大きな概念である。学術的に説明がつく限りでは，漢語は歴史的に約 3000 年ほど遡ることが可能と考えられている。音韻史では，

上古音 —— 周から漢
中古音 —— 隋・唐
近古音 —— 元・明
現代音 —— 清以降

という時代区分がなされることがある（他にも諸説がある）。

2　普通話（普通话 Pǔtōnghuà）

中華人民共和国（1949-）において，最初は漢民族の共通語として，その後やがて中華民族全体の共通語として普及が推し進められたのが“普通話 Pǔtōnghuà”である。日本で「中国語」，「現代中国語」，「標準中国語」と言う場合，これを指すことが多い。

“普通話”の基準は，

発音 —— 北京の発音
語彙 —— 北京を中心としつつ，中国北方で広く使用されている語彙

と考えられている。“普通話”は，北京をはじめ中国北方に分布する漢語の地理的変種を母体としていると考えてよい。ただし，“普通話”と北京方言との間には違いも存在する。日本では“普通話”のことを指して「北京語」とも称する傾向が見られるが，注意を要する。

2001 年に施行された『中華人民共和国国家通用語言文字法』によって，“普通話”は国家語という地位を明確に付与された。全国各地の異なる社会的属性を有する人々がみな同じスタイルの“普通話”を話しているわけではないが，国家政策としての“普通話”の強力な推進の結果，華中や華南，西南の大都市で現地訛りの“普通話”が広く用いられるようになり，現在では若年層の訛りは目立たなくなりつつある。

中華民国（1912-49）の時代にも，国家語の普及は進められた。現在，台湾で使用されてい

る“國語 Guóyǔ”がその流れを汲む。どこの方言を基礎にするかが曖昧であったため，“普通話”との間には発音・語彙・文法の各面である程度の差異が存在しているが，意思疎通に大きな問題は生じない。

シンガポールでは小中学校で第二言語として“普通話”の履修が可能である。エスニックな視点から“華語 Huáyǔ”と呼ばれているが，家庭や日常生活の場で話されている“華語”は語彙面では英語やマレー語の形式が豊富に取り入れられ，文法面でも副詞で文末に置かれるものがあるなど，独自色の強いものとなっている。しかし，これも“普通話”との間で意思疎通に大きな問題は生じない。

中華圏における通用言語については次の表のとおり。

	音声 公的な場 ⟷ 私的な場	漢字表記
中国大陸	普通話 漢語系および 非漢語系の現地語 （いわゆる少数民族の諸言語）	簡体字
台湾	国語 台湾（閩南）語 客家語・原住民語	繁体字
香港	広東語 英語 普通話	繁体字
澳門（マカオ）	広東語 英語・ポルトガル語 普通話	繁体字
シンガポール	英語 華語 福建語・広東語・マレー語	簡体字

※中国大陸の広東省全域ではテレビなど公共の場で普通話と広東語が併用されることが多く，両者が第一言語の座にあるのが現状である。香港と澳門《マカオ》では公共放送に広東語が用いられる。また，台湾では母語教育として台湾語や客家《ハッカ》語の授業も行われている。地下鉄の車内放送は香港が広東語・普通話・英語，台湾（台北）が国語・台湾語・客家語・英語の順で行われている。中国大陸では，普通話の浸透とともに，第二言語の使用は主に家庭や近所に限定される趨勢が顕著となっている。そのため，第二言語は学習の対象とはなりにくいのが現実である。

なお「広東語」をはじめ中国東南部に分布する，中国北方の漢語とは系統を異にする地域言語は，方言という位置づけを与えられているものの，言語同士に匹敵する差異を有し，意思疎通は概して不可能である。それらを学ぶ場合には，“普通話”とは別の言語として学ぶ必要がある。

3 現代中国語の文字表記

中国大陸では中華人民共和国成立以降，非識字層の減少などを目的として漢字の筆画についての簡略化が進められ，1956年に国務院より「漢字簡化方案」が公布された。そして，簡略化を経た字体（新字体）である“簡体字 Jiǎntǐzì”が正しい字体となっている。これに対して，簡略化を経る以前の字体（旧字体）を“繁体字 Fántǐzì”と呼ぶ。シンガポールも“華語”の授業で簡体字を使用している。これに対して，香港，澳門，台湾では繁体字が正しい字体として使用されている。

繁体字 （香港・澳門・台湾）	簡体字 （中国・シンガポール）	
這個 是 簡體字。	这个 是 简体字。	〈これは簡体字です。〉
學習 漢語 難 嗎？	学习 汉语 难 吗？	〈漢語を学ぶのは難しいですか？〉

簡略化は日本の常用漢字とは異なる字形を生み出すことも多い。次の例を参考にされたい。

	繁体字	簡体字	日本の常用漢字
ゲイ	藝	艺	芸
シャ	寫	写	写
ヒン	濱	滨	浜

なお，中国大陸では，書かれた言葉を指すのに“中文 Zhōngwén”，話された言葉を指すのに“中国話 Zhōngguóhuà”という言い方が用いられる。

音節と声調

1 音節とは？　声調とは？

“普通話” を学習する場合，「音節」という単位が重要になってくる。これは音の塊だと考えればよいであろう。原則として漢字１文字が１音節となる。音節は：

声母 —— 頭子音

韻母 —— 頭子音に後続する部分（母音を核とする）

声調 —— 音節全体にかかる音の高低変化

の３要素からなる。「韻母」は更に

韻頭 —— 主母音の直前に現れる渡り音。「介音」とも呼ばれる。i，u，ü[y] の３つのみ。

韻腹 —— 主母音

韻尾 —— 末音（主母音の直後に現れる）。

に細分可能である。これらの諸要素で不可欠なのは主母音であり，これを欠く音節は原則として存在しない。その次に重要なのは声調である。

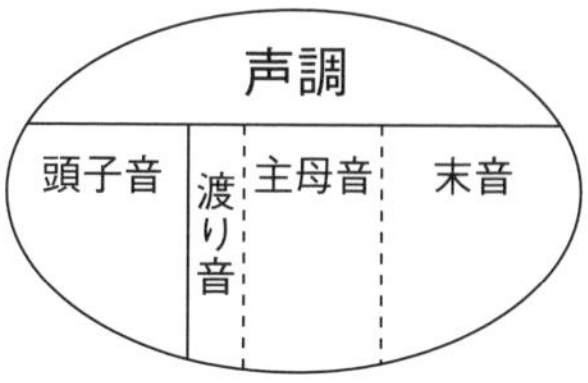

2 声調

原則として漢字は固有の声調を少なくとも１つ有している。“普通話” には次の４つの声調がある。

002

第１声　ā　高く平らに引く

第２声　á　音域の中程から最高点へ引き上げる

第３声　ǎ　低く押さえる

第４声　à　最高点から急速に落とす

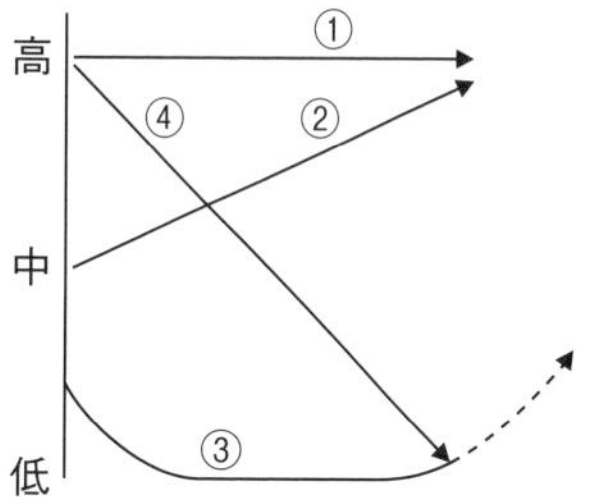

※ 注意

第１声：「高め」ではなく「自分の音域の最高点」で引っぱる。最後が落ちないように。

第２声：「放物線状に上がる」のではなく，直線的に引き上げる。

第３声：「最後が上がる」のは１音節を丁寧に発音した場合のみ。重要なのはとにかく「低く押さえつける」こと。

第４声：「中程から落ちる」のではなく，また「中程まで落ちる」のでもない。「音域の最高点」から「最低点」へ向けて急降下するつもりで。

3 声調符号を付す位置

漢字は表語文字であり，表音文字ではないため，発音を表す補助表記が必要となる。識字教育の効果を高め，「普通話」を推進する目的で 1958 年に全国人民代表大会で「漢語拼音方案」が承認された。日本では「ピンイン」，「ピンイン表記」，「ピンインローマ字」とも呼ばれる。v を除いたアルファベット 25 文字を用いることで，全ての発音が明示されるように設計されている。

「ピンイン」とは声調を表す「声調符号」をも含んだ概念である。声調符号には，

003

ˉ	第 1 声	mā 妈	lī 哩
ˊ	第 2 声	má 麻	lí 梨
ˇ	第 3 声	mǎ 马	lǐ 李
ˋ	第 4 声	mà 骂	lì 栗

の４種類がある。

コラム１ 声調符号の付し方

声調符号の付し方については次の点に注意すること。

1．原則として主母音（韻腹）の上に付す。子音の上には付さない。

［例］ na 那〈あれ。あの〉

○ n（声母） à（韻母・韻腹）　× ǹa

2．主母音が i の場合は・を取る。

［例］ ni 你〈あなた〉

○ n（声母） ǐ（韻母・韻腹）　× ni̇̌

3．主母音を担う母音の優先順位は a その次が e，o そして i，u，ü となっている。これは開口度の大きさに対応している。主母音は開口度のより大きい母音が担う。なお，eo，oe，iü，üi，uü，üu という二重母音はない。

［例］ lai 来〈来る〉

○ l（声母） á（韻腹） i（韻尾）［ái：韻母］　× laí

4．iu と ui については，後ろに来る母音に付すことになっている。（iu と ui は p.13～14 で学ぶ）

［例］ niu 牛〈ウシ〉

○ n（声母） i（韻頭） ú（韻尾）［iú：韻母］　× níu

発音編3　単母音

1　6つの単母音

a　　o　　e　　i(yi)　　u(wu)　　ü(yu)

004

a　[ᴀ]　日本語のアではなく，顎を下に引き口を上下に大きく開ける。

o　[o]　日本語のオよりも口を丸め，やや突き出す。

e　[ɤ]　舌を後へ引く。口は若干開いた状態になる。暗い音色の音が出る。

i　[i]　日本語のイではなく，口を左右に引ききった状態で発音する。

u　[u]　日本語のウではなく，唇をすぼめて突き出した状態で発音する。

ü　[y]　唇の構えは u と同じにし，その状態で i を発音する。

※ u と ü の違いは，u は舌が後寄りであるのに対し，ü は舌が前寄りである点にある。

2　そり舌母音　er

005

er [ɚ]

まず何も発音しない時の構え――舌は口腔の中央部に平たく置かれている――をとる。その構えから舌先をそり上げる。

この母音は単独でのみ現れ，いかなる声母や韻頭，韻尾とも結合しない。

■声に出してみよう 1

006

ā	á	ǎ	à
ē	é	ě	è
ī	í	ǐ	ì
ō	ó	ǒ	ò
ū	ú	ǔ	ù
ǖ	ǘ	ǚ	ǜ
ēr	ér	ěr	èr

発音編4　声母（頭子音）

1　頭子音の分類（21 個）

頭子音を息の通し方（調音様式）と，器官のどの位置を用いるか（調音部位）という2つの基準に従って分類すると次のようになる。

□声母の一覧表

調音様式／調音部位	無声破裂音・破擦音		鼻音	摩擦音	その他
	無気音	有気音			
唇音	b [p]	p [p^h]	m [m]	f [f]	
舌尖音	d [t]	t [t^h]	n [n]		l [l]
舌歯音	z [ts]	c [ts^h]		s [s]	
そり舌音	zh [tʂ]	ch [$tʂ^h$]		sh [ʂ]	r [ʐ], [ɻ]
舌面音	j [tɕ]	q [$tɕ^h$]		x [ɕ]	
舌根音	g [k]	k [k^h]		h [x]	

■声に出してみよう2

007

bā	pā	mā	fā	
dǐ	tǐ	nǐ		lǐ
zù	cù		sù	
zhě	chě		shě	rě
jí	qí		xí	
gǔ	kǔ		hǔ	

コラム2　頭子音が無い単母音の綴り方

前節で学習した6つの単母音の内，i，u，ü は頭子音（声母）が無い音節ではそれぞれ yi，wu，yu と綴ることになっている。これは重要な規則なので覚えておかねばならない。

1．i → yi

[例]　頭子音がある　　　　　　頭子音が無い

tī　踢〈蹴る〉　　　　　　　yī　一〈1〉　　　　× ī

2．u → wu

［例］頭子音がある　　　　　　　頭子音が無い

kǔ　苦〈苦い〉　　　　　　　wǔ　五〈5〉　　　　　× ǔ

3．ü → yu

［例］頭子音がある　　　　　　　頭子音が無い

lǘ　驴〈ロバ〉　　　　　　　yú　鱼〈魚〉　　　　　× ǘ

この規則があるおかげで，i，u，ü で始まる音節については，直前の音節との境界が常に明示されることになる。

［例］fānyì　翻译〈翻訳，通訳〉　　∴ fā ＋ nì とは見なされない

残り３つの単母音 a，e，o についてはこのような規則は無い。それぞれ一律に a，e，o と綴る。

［例］頭子音がある　　　　　　　頭子音が無い

hé　河〈川〉　　　　　　　é　鹅〈ガチョウ〉

その代償として，a，e，o で始まる音節が他の音節に後続し，直前の音節と連なることで混乱を生じる場合には，分かち書きを行う必要がある。分かち書きの記号にはアポストロフィー（’）を用いる。

［例］Xī’ān　西安〈西安（地名）〉　≠ xiān　先〈先に〉

fāng’àn　方案〈取り決め，規則〉≠ fǎngǎn　反感〈反感〉

分かち書きの記号を用いなくても混乱が起きない語についても，分かち書きの記号を用いることがある。

Huá’ěrjiē　华尔街〈ウォール街〉　　（ae という綴りは存在しない）

Wò’ěrmǎ　沃尔玛〈ウォルマート〉　　（oe という綴りは存在しない）

（三声＋三声の場合 → 連続変調）

2　無気音と有気音

特に重要なのは，無気音と有気音の対立である。アルファベットに前者は濁音の b，d，z，zh，j，g，後者は清音の p，t，c，ch，q，k を用いるが，これは文字表記上の都合に過ぎない。両者は共に清音であり，声帯の振動を伴わないのである。両者の違いは前者が息の流出を伴わないのに対し，後者は強烈な息の流出を伴う点にある。図式化すると次のようになる。

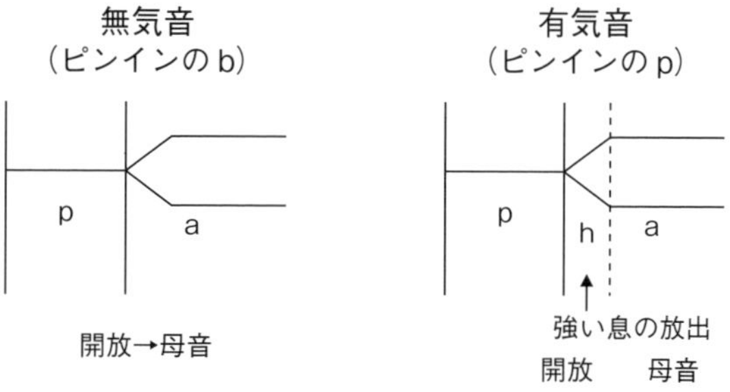

■声に出してみよう３

008

拔	爬	递	替	租	促
bá	pá	dì	tì	zū	cù
炸	查	举	娶	隔	咳
zhá	chá	jǔ	qǔ	gé	ké

コラム３　j，q，x と組む ü の綴り方

ü は j，q，x と組む音節では常に u と綴ることになっている。これも重要な規則なので覚えておかねばならない。u が j，q，x と組むことは有り得ないため，この規則が存在することによる混乱は起こらない。

［例］頭子音が j，q，x	頭子音が j，q，x 以外（n，l）	頭子音が無い
u	ü	yu
qù　去〈行く〉	lǜ　绿〈緑〉	yǔ　雨〈雨〉

3　そり舌音

「捲舌《けんぜつ》音」や「巻き舌音」とも言われる。舌先を若干そり上げ，舌の先端を歯茎後部に接触もしくは接近させる。

zh　ch

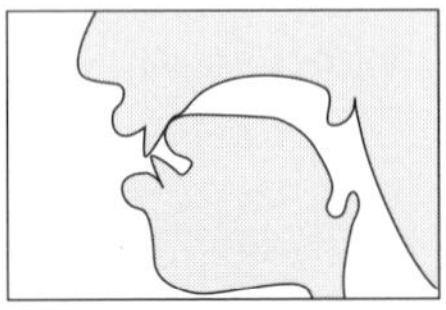

sh　r

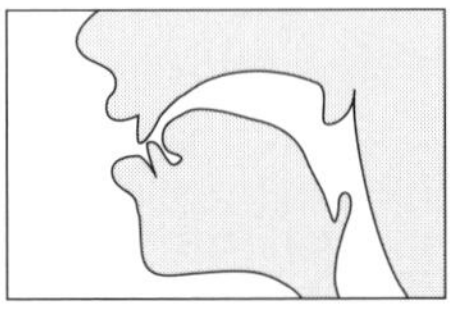

■声に出してみよう４（捲舌音）

009

遮	扯	蛇	热
zhē	chě	shé	rè
住	除	输	入
zhù	chú	shū	rù

4 iの発音

zi, ci, si と zhi, chi, shi, ri では，母音 i の発音に注意を要する。「イー」という音色を出すのではなく，むしろ直前の声母（例えば zi であれば z）を引きずるつもりで発音する。

■声に出してみよう 5（i の発音）

010

字	次	四
zì	cì	sì
指	齿	屎
zhǐ	chǐ	shǐ
急	骑	习
jí	qí	xí

発音編5　二重母音と三重母音

1　二重母音　A類（主母音が前にあるもの）

韻腹（主母音）＋韻尾（末音）であり，声調符号は主母音を表す１つめの字母に付す。

韻腹／韻尾	a	a 以外
i	ai ［aɪ］	ei ［ei］
u	ao ［ɑʊ］	ou ［ou］

※ ao は韻尾に o を用いているがこれは表記法の都合に過ぎない。実際の発音は弛緩した u である。

※ ei の e は単母音の場合と異なり，日本語のエに近い発音となる。

■声に出してみよう６

011

āi　　ái　　ǎi　　ài　　　　ēi　　éi　　ěi　　èi

āo　　áo　　ǎo　　ào　　　　ōu　　óu　　ǒu　　òu

2　二重母音　B類（主母音が後にあるもの）

韻頭（渡り音）＋韻腹（主母音）であり，声調符号は主母音を表す２つめの字母に付す。

韻腹／韻頭	a	a 以外
i	ia（ya）［iᴀ］	ie（ye）［iɛ］
u	ua (wa)［uᴀ］	uo (wo)［uo］
ü		üe (yue)［yɛ］

※括弧内の表記については，コラム４を参照のこと。

※ ie と üe の e は単母音の場合と異なり，日本語のエよりも顎を下に引いて発音する。

■声に出してみよう７

012

iā　　iá　　iǎ　　ià　　　　iē　　ié　　iě　　iè

uā　　uá　　uǎ　　uà　　　　uō　　uó　　uǒ　　uò

　　　　　　　　　　　　　　　üē　　üé　　üě　　üè

コラム4 ● 頭子音が無い二重母音の綴り方

i, u, ü で始まる二重母音は，頭子音（声母）が無い音節ではそれぞれ次のように綴ることになっている。

1．ia → ya，ie → ye

[例] 頭子音がある	頭子音が無い	
jiā 家〈家〉	yá 牙〈歯〉	× yiá
xiě 写〈書く〉	yě 也〈～も〉	× yiě

2．ua → wa，uo → wo

[例] 頭子音がある	頭子音が無い	
shuā 刷〈磨く〉	wā 挖〈掘る〉	× wuā
huǒ 火〈火〉	wǒ 我〈私〉	× wuǒ

3．üe → yue

[例] 頭子音 j，q，x がある	頭子音が無い	頭子音 l がある
xué 学〈学ぶ〉	yuè 月〈月〉	lüè 略〈やや〉

3 三重母音

二重母音 A 類の前に渡り音 u もしくは i が加わった形式。韻頭＋韻腹＋韻尾であり，主母音は真ん中の母音である。

韻腹 ／ 韻頭／韻尾	a	a 以外
u ／ i	uai (wai) [uaɪ]	uei (wei) [uei]
i ／ u	iao (yao) [iɑʊ]	iou (you) [iou]

※括弧内の表記については，コラム 5 を参照のこと。

※ iao は韻尾に o を用いているが，ao の o と同様これは表記法の都合に過ぎない。実際の発音は弛緩した u である。

※ uei の e は ei の e と同様，日本語のエに近い発音となる。

■声に出してみよう 8

013

uāi	uái	uǎi	uài	uēi	uéi	uěi	uèi
iāo	iáo	iǎo	iào	iōu	ióu	iǒu	iòu

コラム5　頭子音が無い三重母音の綴り方

i や u で始まる三重母音は，頭子音（声母）が無い音節ではそれぞれ次のように綴ることになっている。

1．iao → yao，uai → wai

［例］頭子音がある　　　　頭子音が無い

jiào　叫〈呼ぶ〉　　　yào　要〈欲する・欲しい〉　　× yiào

guāi　乖〈聞き分けのよい〉　　wāi　歪〈ゆがんだ〉　　× wuāi

2．iou → you，uei → wei

［例］頭子音がある　　　　頭子音が無い

jiǔ　酒〈酒〉　　　yǒu　有〈ある〉　　× yiǒu

duì　对〈正しい〉　　wèi　为〈～のために〉　　× wuèi，wì

なお，iou と uei については，「頭子音がある」場合も綴り方に注意する必要がある。これは iou と uei だけの規則だが，一見すると二重母音に見えてしまう。また第一声などでは実際の発音が iu と ui のように聞こえることが多い（第三声などでは主母音の o，e が響く iou，uei に聞こえることが多い）。その分実体は三重母音であることを忘れないようにすること。

［例］頭子音がある

jiù　旧〈古い〉　　× jiòu，jòu

guì　贵〈值が高い〉　　× guèi

■声に出してみよう9

014

大小	高低	姐妹	厚薄
dàxiǎo	gāodī	jiěmèi	hòubó
好坏	内外	左右	优劣
hǎohuài	nèiwài	zuǒyòu	yōuliè

発音編6　鼻音 n，ng で終わる韻母

韻尾の n では舌先が歯茎（d や t の位置）に，ng では舌根が軟口蓋（g や k の位置）に付着する。主母音を発音した後，舌が前方へ移動するか後方へ移動するかで両者は異なる。

1　主母音が a のもの

韻尾 / 韻頭	n	ng
なし	an　[an]	ang　[ɑŋ]
i	ian（yan）[iɛn]	iang（yang）[iɑŋ]
u	uan (wan)　[uan]	uang (wang) [uɑŋ]
ü	üan (yuan) [yan],[yæn],[yɛn]	

※括弧内の表記については，コラム6を参照のこと。

※韻尾が n の場合，主母音の舌は前寄りになり，概して明るい音色として聞こえる。韻尾が ng の場合，主母音の舌は後寄りになり，概して暗い音色として聞こえる。

※ ian の主母音は，韻頭 i の影響を受け，エになる点に注意すること（アではない）。

声に出してみよう 10

015

ān	án	ǎn	àn	āng	áng	ǎng	àng
iān	ián	iǎn	iàn	iāng	iáng	iǎng	iàng
uān	uán	uǎn	uàn	uāng	uáng	uǎng	uàng
üān	üán	üǎn	üàn				

コラム6　頭子音が無い韻母 -ian，-iang などの綴り方

韻母 -ian，-iang などは，頭子音（声母）が無い音節ではそれぞれ次のように綴ることになっている。

1．ian → yan，iang → yang

[例] 頭子音がある	頭子音が無い	
qiān　千〈千〉	yān　烟〈タバコ〉	×　yiān
jiǎng　讲〈言う〉	yǎng　痒〈かゆい〉	×　yiǎng

2．uan → wan，uang → wang

［例］頭子音がある　　　　　頭子音が無い

huàn　换〈交換する〉　　wàn　万〈万〉　　× wuàn

huáng　黄〈黄（姓）〉　　wáng　王〈王（姓）〉　　× wuáng

3．üan → yuan（üan が組める頭子音は j，q，x のみである）

［例］頭子音がある　　　　　頭子音が無い

quàn　劝〈勧める〉　　yuǎn　远〈遠い〉　　× yüǎn

■声に出してみよう 11

016

占	间	砖	捐
zhān	jiān	zhuān	juān

长	强	床
cháng	qiáng	chuáng

按	咽	万	愿
àn	yàn	wàn	yuàn

赏	想	爽
shǎng	xiǎng	shuǎng

2　主母音が a 以外のもの

韻尾 韻頭	n	ng
なし	en　[ən]	eng　[ɤŋ]
i	in　(yin)　[in]	ing　(ying)　[iŋ]
u	uen (un，wen) [uən]	ong [ʊŋ]，weng [uɤŋ]
ü もしくは iu	ün　(yun)　[yn]	iong (yong) [iʊŋ]

※括弧内の表記については，コラム 7 を参照のこと。

※最も区別が難しいと言われているのが in と ing である。ing の場合，話者によっては［ɤ］のような渡り音的要素が i と ng の間に入って聞こえることがある。

※ weng は単独でのみ出現し，如何なる声母とも結合しない。それに対し ong は常に何らかの声母と結合して現れる。両者は相補的な関係にある。

※ ong，iong は o を用いているがこれは表記法の都合に過ぎない。実際の発音は弛緩した u である。

※ ün は話者によっては［ə］のような渡り音的要素が ü と n の間に入って聞こえることがある。

■声に出してみよう 12

017

ēn	én	ěn	èn	ēng	éng	ěng	èng
īn	ín	ǐn	ìn	īng	íng	ǐng	ìng
uēn	uén	uěn	uèn	ōng	óng	ǒng	òng
ǖn	ǘn	ǚn	ǜn	iōng	ióng	iǒng	iòng

コラム7　頭子音が無い韻母 in, ing などの綴り方

韻母 in, ing などは，頭子音（声母）が無い音節ではそれぞれ次のように綴ることになっている。

1．in → yin，ing → ying

［例］頭子音がある　　　頭子音が無い

xīn　新〈新しい〉　　　yīn　音〈音声〉　　　× yn

píng　瓶〈ビン〉　　　yíng　赢〈勝つ〉　　　× yng

2．uen → wen

［例］頭子音がある　　　頭子音が無い

kùn　困〈眠たい〉　　　wèn　问〈尋ねる〉　　　× wuen

uen については，「頭子音がある」場合も綴り方に注意する必要がある。これは uen だけの規則だが，一見すると母音が u だけであるかのように思えてしまう。また第一声などでは実際の発音が un のように聞こえることが多い（第三声などでは主母音の e が響く uen に聞こえることが多い)。その分実体は uen であることを忘れないようにすること。

3．ün → yun（ün が組める頭子音は j，q，x のみである）

［例］頭子音がある　　　頭子音が無い

jūn　军〈軍〉　　　yūn　晕〈目眩がする〉　　　× yǖn

4．iong → yong

［例］頭子音がある　　　頭子音が無い

qióng　穷〈貧しい〉　　　yòng　用〈使う〉　　　× yiòng

声に出してみよう 13

018

真 zhēn	紧 jǐn	准 zhǔn	军 jūn
恩 ēn	印 yìn	问 wèn	晕 yūn
成 chéng	情 qíng	虫 chóng	穷 qióng

声に出してみよう 14

019

单双 dānshuāng	繁简 fánjiǎn	软硬 ruǎnyìng	远近 yuǎnjìn
长短 chángduǎn	深浅 shēnqiǎn	阴阳 yīnyáng	军民 jūnmín
冷暖 lěngnuǎn	正反 zhèngfǎn	轻重 qīngzhòng	松紧 sōngjǐn

発音編 7　連読変調，軽声，r 化など

1　第3声の連読変調（3声＋3声→2声＋3声）

第 3 声は単独で発音する場合低く押さえるが，直後に第 3 声が続く場合，第 2 声と同じ上昇調になる。声調符号の書き換えは行なわない。

020

海　＋　口　→　海口〈海口。海南島の地名〉
hǎi　kǒu　Hǎikǒu　（実際の発音は Háikǒu）

打　＋　鼓　→　打 鼓〈ドラムを叩く〉
dǎ　gǔ　dǎ gǔ　（実際の発音は dá gǔ）

很　＋　好　→　很 好〈（とても）よい〉
hěn　hǎo　hěn hǎo　（実際の発音は hén hǎo）

第 3 声が 3 つ以上連続する場合は，発音する速度などの要因にも左右されるが，単語としてまとまった単位を構成していれば，概して最後の音節以外が全て第 2 声と同じ上昇調になる。

021

五　＋　百　＋　米　→　五百米〈500 メートル〉
wǔ　bǎi　mǐ　wǔbǎimǐ　（実際の発音は wúbáimǐ）

2　軽声

本来の声調を失い，軽く短く発音される音節のことを「軽声」と呼ぶ。軽声は声調符号が無いことで表される。

軽声は，単独では出現せず，その音の高さは，第何声の音節の直後であるかによって決まる。第 3 声の直後では上がって発音されるが，それ以外の声調の直後では下がって発音される。ただし，疑問のイントネーションが被さった場合は上がって発音されることもある。

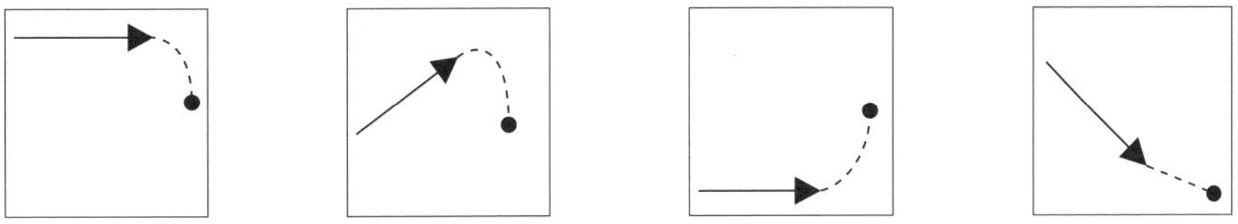

022

桌子〈机〉	房子〈家〉	椅子〈いす〉	柱子〈柱〉
zhuōzi	fángzi	yǐzi	zhùzi

3 “不”と“一”の変調

“不”と“一”は単独で発音する場合それぞれ第４声（bù）と第１声（yī）で発音されるが，直後に他の語が続く場合，声調が変化する。直後に第１声，２声，３声が続くときは第４声で，直後に第４声が続くときは第２声で発音される。

声調符号を書き換えるか書き換えないかは，教材によって多少異なるので，注意すること。本書では書き換えを行なう。

“不”の変調

023

		第１声	bù gāo	不高〈高くない〉
bù	→ bù（第４声）＋	第２声	bùrán	不然〈さもなくば〉
		第３声	bù xiě	不写〈書かない〉
			búcuò	不错〈なかなかよい〉
bù	→ bú（第２声）＋	第４声	bú qù	不去〈行かない〉
			búyòng	不用〈～する必要は無い〉

“一”の変調

024

		第１声	yìbān	一般〈一般的である〉
yī	→ yì（第４声）＋	第２声	yì nián	一年〈一年〉
		第３声	yìbǎi	一百〈100〉
			yí jiàn	一件〈一つの，一件の〉
yī	→ yí（第２声）＋	第４声	yílǜ	一律〈一律に〉
			yíyàng	一样〈同じ〉

“一”の本来の声調は第一声であり，“一，二，三，…”のように単独で読まれる場合は yī である。また，上記の規則が適用されずに第一声で読まれるケースがある。例えば，序数“第一”では yī で読む。３桁以上の数字で現れる“一十”も yī で読む。

[「二桁以上の数字」☞ 第５课［コラム３］]

4 r化（儿化）

音節末に舌先をそり上げて r を発音する現象を「r 化」（儿化 érhuà）と呼ぶ。簡体字の漢字表記は“儿”（繁体字では“兒”，日本の常用漢字では“児”）である。儿化は名詞に起こることが多く，「小さな，可愛い，親近感を持つ」といった語感が加わることがある。

ピンインでは直前の綴りに r を付すだけであり，発音に顕著な変化が起きる下記の④や⑤の場合であっても，書き換えは行なわない。

① a，e，o で終わる音節では，直前の母音に続いて舌先をそり上げる。
（V で母音を代表させると，V + r → Vr）

025

那儿〈あそこ〉 nàr　　这儿〈ここ〉 zhèr

② 単母音 i（下記③のものを除く），u，ü が儿化すると，曖昧母音 [ə] が入る。
（V + r → Ver）

026

玩意儿〈玩具〉 wányìr　　小曲儿〈民謡〉 xiǎoqǔr

（→実際の発音では，yì-er，qǔ-er に変化する）

③ zi，ci，si，zhi，chi，shi，ri が儿化すると，そり舌母音 er となる。
（V + r → er）

027

字儿〈字〉 zìr　　事儿〈事柄，用事〉 shìr

④ 韻尾（音節末音）が i，n である音節が儿化すると，i，n は消失する。
（Vi，Vn + r → Vr）

028

牌儿〈札〉 páir　　玩儿〈遊ぶ〉 wánr　　里边儿〈内側〉 lǐbianr　　门儿〈扉〉 ménr

（→実際の発音では，pár，wár，biar，mér に変化する）

⑤ 韻尾が ng である音節が儿化すると，ng が消失し，ng の前の主母音が鼻音化する（鼻にかかっ

た音になる)。

029

名儿〈名前〉　　　信封儿〈封筒〉
míngr　　　xìnfēngr

(→実際の発音では，母音が鼻にかかった mí-er，fēr に変化する)

以下の“儿”は「子ども」の意味を表しており，直前の名詞に何らかの語感を加えるものではない。このような場合は儿化ではなく，“儿”は本来の漢字音 ér で発音する。

030

孤儿〈孤児〉　　　女儿〈娘〉
gū'ér　　　nǚ'ér

また，語頭の“儿”も儿化ではない。

031

儿童〈児童〉　　　儿子〈息子〉
értóng　　　érzi

5 “啊”の発音と漢字表記 ―― “呀”，“哇”，“哪”

語気助詞の“啊”は直前の音に影響されて，しばしば次のように発音が変化する。そのため，異なる漢字で表記されることが少なくない。

032

① a，e，i (zi，ci，si，zhi，chi，shi，ri は除く)，o，ü に続く“啊” (a)
→ “呀” (ya) (*ex.* 我没有茶杯呀。Wǒ méiyou chábēi ya.)

② u，ao，ou に続く“啊” (a)
→ “哇” (wa) (*ex.* 好哇。Hǎo wa.)

③ n に続く“啊” (a)　→ “哪” (na) (*ex.* 可不难哪。Kě bù nán na.)

★発音総合練習（学校に関係する語彙）

033

书包	空调	铅笔	商店	窗户
shūbāo	kōngtiáo	qiānbǐ	shāngdiàn	chuānghu
零分	职员	词典	迟到	学生
língfēn	zhíyuán	cídiǎn	chídào	xuésheng
老师	走廊	手表	眼镜	椅子
lǎoshī	zǒuláng	shǒubiǎo	yǎnjìng	yǐzi
挂钟	校门	课本	宿舍	凳子
guàzhōng	xiàomén	kèběn	sùshè	dèngzi

●中国語音節表●

		1	2	3	4	5	6	7	8	9	10	11	12	13	14	15	16	17	18	19
	韻母	第１グループ 介音なし														第２グループ 介音 i				
	声母	i		a	o	e	ai	ei	ao	ou	an	en	ang	eng	ong	i	ia	ie	iao	iou-
ア	ゼロ			a	o	e	ai	ei	ao	ou	an	en	ang	eng		yi	ya	ye	yao	you
無気 イ	b			ba	bo		bai	bei	bao		ban	ben	bang	beng		bi		bie	biao	
有気 ウ	p			pa	po		pai	pei	pao	pou	pan	pen	pang	peng		pi		pie	piao	
エ	m			ma	mo	me	mai	mei	mao	mou	man	men	mang	meng		mi		mie	miao	mi
オ	f			fa	fo			fei		fou	fan	fen	fang	feng						
無気 カ	d			da		de	dai	dei	dao	dou	dan	den	dang	deng	dong	di		die	diao	diu
有気 キ	t			ta		te	tai		tao	tou	tan		tang	teng	tong	ti		tie	tiao	
ク	n			na		ne	nai	nei	nao	nou	nan	nen	nang	neng	nong	ni		nie	niao	niu
ケ	l			la		le	lai	lei	lao	lou	lan		lang	leng	long	li	lia	lie	liao	liu
無気 コ	g			ga		ge	gai	gei	gao	gou	gan	gen	gang	geng	gong					
有気 サ	k			ka		ke	kai	kei	kao	kou	kan	ken	kang	keng	kong					
シ	h			ha		he	hai	hei	hao	hou	han	hen	hang	heng	hong					
無気 ス	j															ji	jia	jie	jiao	jiu
有気 セ	q															qi	qia	qie	qiao	qiu
ソ	x															xi	xia	xie	xiao	xiu
そり舌 無気 タ	zh		zhi	zha		zhe	zhai	zhei	zhao	zhou	zhan	zhen	zhang	zheng	zhong					
そり舌 有気 チ	ch		chi	cha		che	chai		chao	chou	chan	chen	chang	cheng	chong					
そり舌 ツ	sh		shi	sha		she	shai	shei	shao	shou	shan	shen	shang	sheng						
そり舌 テ	r		ri			re			rao	rou	ran	ren	rang	reng	rong					
無気 ト	z	zi		za		ze	zai	zei	zao	zou	zan	zen	zang	zeng	zong					
有気 ナ	c	ci		ca		ce	cai		cao	cou	can	cen	cang	ceng	cong					
ニ	s	si		sa		se	sai		sao	sou	san	sen	sang	seng	song					
		[ɿ]	[ʅ]			[ɤ]		[e]				[ə]		[ɤ]	[ʊ]			[ɛ]		

20	21	22	23	24	25	26	27	28	29	30	31	32	33	34	35	36	37	
					第3グループ 介音 u									第4グループ 介音 ü				
an	in	iang	ing	iong	u	ua	uo	uai	uei-ui	uan	uen-un	uang	ueng	ü	üe	üan	ün	
an	yin	yang	ying	yong	wu	wa	wo	wai	wei	wan	wen	wang	weng	yu	yue	yuan	yun	ア
an	bin		bing		bu													イ
an	pin		ping		pu													ウ
an	min		ming		mu													エ
					fu													オ
an			ding		du		duo		dui	duan	dun							カ
an			ting		tu		tuo		tui	tuan	tun							キ
an	nin	niang	ning		nu		nuo			nuan				nü	nüe			ク
an	lin	liang	ling		lu		luo			luan	lun			lü	lüe			ケ
					gu	gua	guo	guai	gui	guan	gun	guang						コ
					ku	kua	kuo	kuai	kui	kuan	kun	kuang						サ
					hu	hua	huo	huai	hui	huan	hun	huang						シ
an	jin	jiang	jing	jiong										ju	jue	juan	jun	ス
an	qin	qiang	qing	qiong										qu	que	quan	qun	セ
an	xin	xiang	xing	xiong										xu	xue	xuan	xun	ソ
					zhu	zhua	zhuo	zhuai	zhui	zhuan	zhun	zhuang						タ
					chu		chuo	chuai	chui	chuan	chun	chuang						チ
					shu	shua	shuo	shuai	shui	shuan	shun	shuang						ツ
					ru	rua	ruo		rui	ruan	run							テ
					zu		zuo		zui	zuan	zun							ト
					cu		cuo		cui	cuan	cun							ナ
					su		suo		sui	suan	sun							ニ

:]

小さい「ə」をはさむ

u は ü の書き換え

本書のピンイン表記について

(1) 固有名詞関係

① 単独・複合語の要素に限らず，国名・地名・人名は，すべて先頭を大文字で表記する。

e.g. 中国人 Zhōngguórén　中国菜 Zhōngguócài　绍兴酒 Shàoxīngjiǔ　方 自远 Fāng Zìyuǎn

② 企業や機関名・節句・政府制定の行政区画名および「接頭辞＋姓」は分かち書きにして，それぞれの先頭を大文字にする（漢字は分けない）。略語と「接頭辞＋姓」にはハイフンを付ける。

e.g. 中央电视台 Zhōngyāng Diànshìtái　春节 Chūn Jié　北大 Běi-Dà　小王 Xiǎo-Wáng

③ “万里长城”は“万里”を略して“长城 Chángchéng”とする。

(2) 離合詞について

中国語には「離合詞（分離動詞）」と呼ばれるものがある。これは2文字からなる動詞のうち，構造内部で「動詞＋目的語」の関係を有し，間に助詞などの成分が挿入される一群の動詞である。

e.g. 结婚 jiéhūn　　结过一次婚 jiéguo yí cì hūn
（結婚する）　（一度結婚したことがある）

離合詞の認定基準は辞書や学習書によって異なるところもある。離合詞は「動詞＋目的語」からなるフレーズと連続性を有するものが多く，どこまでが離合詞でどこからがフレーズなのかの判断は恣意的である。本書では以下の基準に従い，離合詞の認定を行なう。

1）間に助詞やその他の成分が挿入され「分離する」。

睡了一觉　／　结过婚　／　随你的便　／　帮他的忙　／　担这个心

2）二文字目の成分（意味的に目的語に該当するもの）が，単独では語として用いることができないもの。

结婚　／　游泳　／　随便

3）二文字目の成分が単独で語として使用できるものではあるが，語彙全体，もしくは前の動詞かあとの目的語成分が抽象的な意味に昇華しているもの。

读书，念书　→「勉強する」

吃饭　→「食事をする」（実際はラーメンやパンを食べても良い）

担心　→「心配する」（物理的に「担ぐ」わけではない）

帮忙　→「手伝う」（「困っている」のを手伝う場合にも言う）

4）前の動詞とあとの目的語の成分が意味的に同じカテゴリーを表すもの（いわゆる同族目的語のもの）。

睡觉　→「眠りを眠る」

5）前の動詞が実質的に目的語成分を意味的に含む（よって目的語成分は意味的に余剰になる）もの。すなわち，その意味の動詞と組み合わされる目的語が唯一もしくはそれに近いもの。

打雷　→　“打雷”の“打”＝「雷が鳴る」

刮风　→　“刮风”の“刮”＝「風が吹く」

上記に従い，1）のうち，同時に2）～5）のいずれかに該当するものを離合詞とみなす。

本書では，2文字がくっついて用いられている場合（“结婚”）の「離合詞」は，文中においてはピンインもくっつけて表記し（“jiéhūn”），新出単語（および語彙索引）では“jié//hūn”のように間に“//”を挿入して表記する。

(3) その他

① 「単音節形容詞（名詞）＋名詞」の複合語はくっつけて表記する（漢字もくっつける）。
ただし，2音節同士の複合語は原則的に分ける（漢字も）。*e.g.* 中国　老师 Zhōngguó lǎoshī

② “指示詞＋量詞＋名詞”はそれぞれ分ち書きにし，指示詞“这／那”のピンインは“zhè / nà”と表記する。単独の（あとに名詞が付かない）“这个／那个”のみ，くっつけた上で“zhèige / nèige”と表記する。

③ “分钟”の“钟”は時刻・時間量の区別無く「分けて」表記する。

④ “一下 yíxià”が回数ではなく「ちょっと」という意味を表す場合はくっつける。また“一些 yìxiē”も数詞“一”としか組み合わせられないのでくっつけて表記する。

⑤ “好＋動詞”は原則「分かち書き」とする。ただし，“好吃・好看・好听”など一語の形容詞として意味が定着しているもの（“好吃”＝「食べやすい」→「おいしい」）はくっつける。

⑥ “嗯”：ピンイン“ng”には声調符号を付けない。

⑦ 四字成語は，原則として一文字ずつ「分けて」ピンイン表記する。漢字はくっつける。
e.g. 抛砖引玉 pāo zhuān yǐn yù

本　編

第1课 他是日本留学生。
Dì yī kè Tā shì Rìběn liúxuéshēng.

101

杨：方自远！
Yáng Fāng Zìyuǎn!

方：杨阳，这位是小林。
Yáng Yáng, zhè wèi shì Xiǎolín.

小林，这位是杨阳，
Xiǎolín, zhè wèi shì Yáng Yáng,

她也是桃乡大学的学生。
tā yě shì Táoxiāng Dàxué de xuésheng.

小林：你好。
Nǐ hǎo.

杨：你好。你姓林吗？
Nǐ hǎo. Nǐ xìng Lín ma?

小林：我不姓“林”，姓“小林”。
Wǒ bú xìng “Lín”, xìng “Xiǎolín”.

方：小林是进修学院的日本留学生。
Xiǎolín shì jìnxiū xuéyuàn de Rìběn liúxuéshēng.

小林：这是我的名片，请多指教。
Zhè shì wǒ de míngpiàn, qǐng duō zhǐjiào.

102

■新出語句■

这 zhè ⇨ 3
位 wèi
是 shì ⇨ 2
她 tā ⇨ 1
也 yě ⇨ 4
桃乡 Táoxiāng
大学 dàxué
的 de ⇨ 5
学生 xuésheng
你 nǐ ⇨ 1
好 hǎo
你好 nǐ hǎo
姓 xìng ⇨ 2
林 Lín
吗 ma ⇨ 6
我 wǒ ⇨ 1
不 bù
进修 jìnxiū
学院 xuéyuàn
日本 Rìběn
留学生 liúxuéshēng
名片 míngpiàn
请 qǐng
多 duō
指教 zhǐjiào

杨：　谢谢，我 是 外语 学院 二 年级 的 学生。
Xièxie, wǒ shì wàiyǔ xuéyuàn èr niánjí de xuésheng.

请 多 指教。
Qǐng duō zhǐjiào.

注）“这位”は敬意をこめて目の前の人物を指し示す場合に用いる。「こちら；この方」の意。“位 wèi”は「量詞」（→第 4 課ポイント 1 参照）

文法ポイント

103

1 人称代名詞

	一人称	二人称	三人称
単数	我 wǒ	你 nǐ 您 nín	他・她・它 tā
複数	我们 wǒmen 咱们 zánmen	你们 nǐmen	他们・她们・它们 tāmen

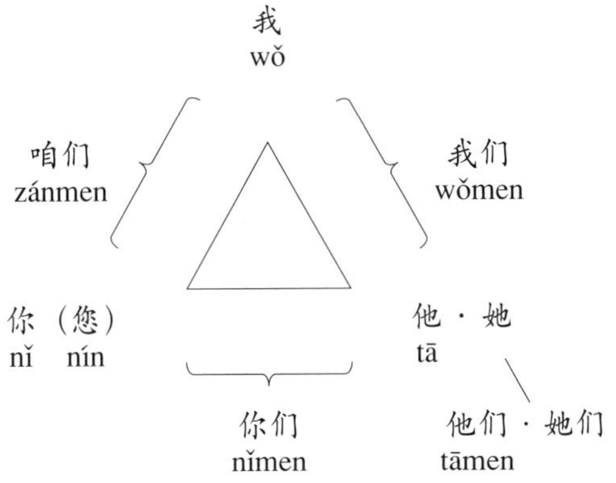

谢谢 xièxie
外语 wàiyǔ
二 èr
年级 niánjí
您 nín
他 tā
它 tā
我们 wǒmen
咱们 zánmen
你们 nǐmen
他们 tāmen
她们 tāmen
它们 tāmen

1）中国語の人称代名詞には英語のような格変化がない。

2）“您”は敬語体。複数では“你们”を用いる。

3）“他”は男性を指し，“她”は女性を指す。男女混合の３人称複数の場合は“他们”で表記する。

4）“它”は動物や事物など，人間以外の対象に用いる。ただし書面語（文章語）に用いることが多く，口語（話し言葉）では，人間以外の対象に代名詞 tā を用いることはあまりない。

¶ “我们”は「あなた」（聞き手，すなわち２人称）を除き，自分と第三者を含めて「わたしたち」を意味するときに用い，“咱们”は「あなた」を含めて「わたしたち」を意味するときに用いる。ただし，フォーマルな場などでは“咱们”の意味でも“我们”が使われることが多い。

104

2 動詞述語文

1）“是”を用いる動詞述語文：「～は…である；～は…だ」という判断・断定を表す。

我 是 英国 留学生。
Wǒ shì Yīngguó liúxuéshēng.

他们 不 是 美国人。
Tāmen bú shì Měiguórén.

2）中国語の基本語順は，「S＋V＋O（主語＋動詞＋目的語）」である。

他 姓 黄，不 姓 王。
Tā xìng Huáng, bú xìng Wáng.

张 教授 研究 物理。
Zhāng jiàoshòu yánjiū wùlǐ.

我们 每天 打 太极拳。
Wǒmen měitiān dǎ tàijíquán.

105

3 指示詞“这・那・哪”

<table>
<tr><th colspan="3">近称</th><th colspan="3">遠称</th><th colspan="3">不定称（疑問詞）</th></tr>
<tr><td colspan="3">这 zhè</td><td colspan="3">那 nà</td><td colspan="3">哪 nǎ</td></tr>
<tr><td colspan="2">コレ</td><td colspan="2">ソレ</td><td colspan="2">アレ</td><td colspan="3">ドレ</td></tr>
</table>

■新出語句■

英国 Yīngguó
美国人 Měiguórén
黄 Huáng
王 Wáng
张 Zhāng
教授 jiàoshòu
研究 yánjiū
物理 wùlǐ
每天 měitiān
打 dǎ
太极拳 tàijíquán
那 nà
哪 nǎ

这 是 广东菜。
Zhè shì Guǎngdōngcài.

这 是 水性笔, 不 是 油性笔。
Zhè shì shuǐxìngbǐ, bú shì yóuxìngbǐ.

那 不 是 大阪 车站, 是 新大阪 车站。
Nà bú shì Dàbǎn Chēzhàn, shì Xīndàbǎn Chēzhàn.

¶ 1)“这”と“那”は，単独では“这是～”，“那是～”のように，専ら“是”を用いる動詞述語文の主語に用い，目的語には用いない。また，“是”以外の動詞からなる動詞述語文の主語や目的語にも一般には用いない。

这 是 月饼。 → × 月饼 是 这。 → 月饼 是 这个。
Zhè shì yuèbing. Yuèbing shì zhèige.
(これは月餅です) (月餅はこれです)

× 那 在 我 家。 → 那个 在 我 家。(それは私の家にある)
Nèige zài wǒ jiā.

× 我 要 这。 → 我 要 这个。(私はこれが欲しい)
Wǒ yào zhèige.

参照 “这个”“那个” ⇨ 第4課ポイント 3 指示詞からなる名詞句

“在” ⇨ 第3課ポイント 1 所在を表す動詞“在”

2)“哪”は一般に単独で用いず，量詞と組み合わせて“哪个 něige”などのかたちで用いる。

参照 量詞 ⇨ 第4課ポイント 1 数量詞からなる名詞句

106

4 副詞“也”

動詞の前に用いる。「～も」，「～も同様に」という意味を表す。「～も」が文中のどの単語にかかるのかは，文脈によって決定される。

鲁迅 是 文学家, 也 是 思想家。
Lǔ Xùn shì wénxuéjiā, yě shì sīxiǎngjiā.

小李 也 是 独生 子女。
Xiǎo-Lǐ yě shì dúshēng zǐnǚ.

广东菜 Guǎngdōngcài	新大阪 Xīndàbǎn	要 yào	小 xiǎo
水性笔 shuǐxìngbǐ	月饼 yuèbing	哪个 něige	李 Lǐ
油性笔 yóuxìngbǐ	这个 zhèige	鲁迅 Lǔ Xùn	独生 dúshēng
大阪 Dàbǎn	那个 nèige	文学家 wénxuéjiā	子女 zǐnǚ
车站 chēzhàn	家 jiā	思想家 sīxiǎngjiā	

小张　　也　教　英语。
Xiǎo-Zhāng yě jiāo Yīngyǔ.

107
5 “的”を用いる名詞句（1）

「名詞または代名詞（X）＋“的”＋名詞（Y）」のかたちで，「XのY」という意味の名詞句（連体修飾構造）をつくる。

我　的　眼镜
wǒ de yǎnjìng

你　的　手表
nǐ de shǒubiǎo

他　的　笔记本　电脑
tā de bǐjìběn diànnǎo

贝多芬　的　交响曲
Bèiduōfēn de jiāoxiǎngqǔ

梵高　的　自画像
Fàngāo de zìhuàxiàng

图书馆　的　书
túshūguǎn de shū

博物馆　的　展品
bówùguǎn de zhǎnpǐn

快餐店　的　菜单
kuàicāndiàn de càidān

¶　「人称代名詞＋“的”＋所属先／親族名称」などの場合は，通常は“的”が省略される。

咱们　学校
zánmen xuéxiào

我们　公司
wǒmen gōngsī

我　妈妈
wǒ māma

你　哥哥
nǐ gēge

108
6 文末助詞“吗”

平叙文の文末に用い，事柄の真偽を尋ねる疑問文（諾否疑問文＝Yes-No Question）をつくる。「～か，～ですか」。“～吗？”の文に対する回答には，一般に疑問文の述語動詞や形容詞をそのまま用いて答える。

你　是　广东人　吗？ ―― 我　不　是　广东人，我　是　福建人。
Nǐ shì Guǎngdōngrén ma? Wǒ bú shì Guǎngdōngrén, wǒ shì Fújiànrén.

你　是　中国　留学生　吗？ ―― 不　是，我　是　韩国　留学生。
Nǐ shì Zhōngguó liúxuéshēng ma? Bú shì, wǒ shì Hánguó liúxuéshēng.

你　参加　他　的　生日　聚会　吗？ ―― 我　参加。
Nǐ cānjiā tā de shēngri jùhuì ma? Wǒ cānjiā.

■新出語句■

教 jiāo
英语 Yīngyǔ
眼镜 yǎnjìng
手表 shǒubiǎo
笔记本 bǐjìběn
电脑 diànnǎo
贝多芬 Bèiduōfēn
交响曲 jiāoxiǎngqǔ
梵高 Fàngāo
自画像 zìhuàxiàng
图书馆 túshūguǎn
书 shū
博物馆 bówùguǎn
展品 zhǎnpǐn
快餐店 kuàicāndiàn
菜单 càidān
学校 xuéxiào
公司 gōngsī
妈妈 māma
哥哥 gēge
广东人 Guǎngdōngrén
福建人 Fújiànrén
中国 Zhōngguó
韩国 Hánguó
参加 cānjiā
生日 shēngri
聚会 jùhuì

109 数字の言い方（1から10まで）

一	二	三	四	五	六	七	八	九	十
yī	èr	sān	sì	wǔ	liù	qī	bā	jiǔ	shí

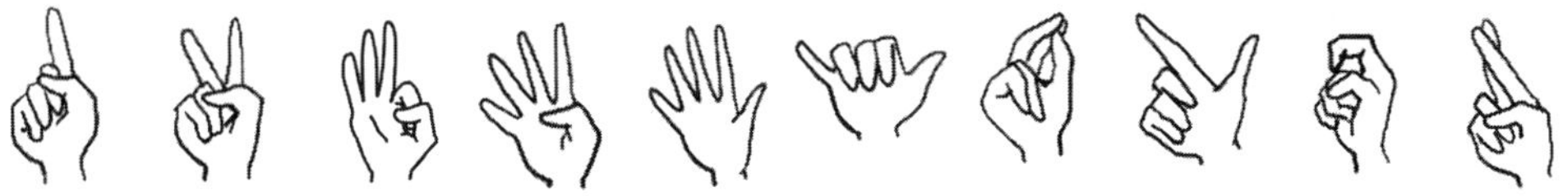

110 中国語の親族名称

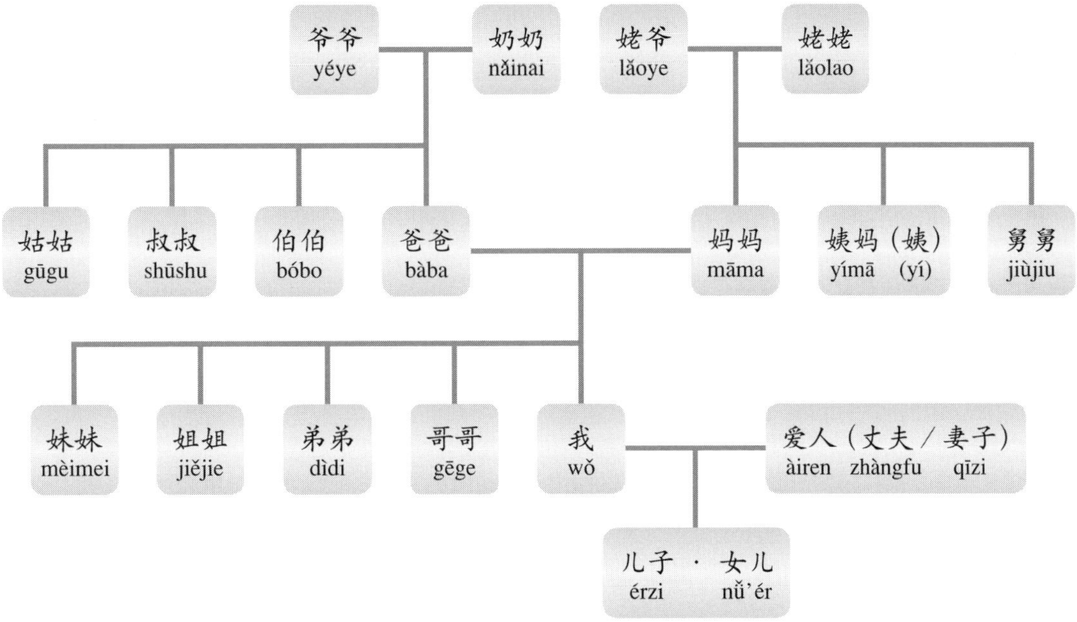

爷爷 yéye
奶奶 nǎinai
姥爷 lǎoye
姥姥 lǎolao
姑姑 gūgu
叔叔 shūshu
伯伯 bóbo

爸爸 bàba
姨妈 yímā
姨 yí
舅舅 jiùjiu
妹妹 mèimei
姐姐 jiějie
弟弟 dìdi

爱人 àiren
丈夫 zhàngfu
妻子 qīzi
儿子 érzi
女儿 nǚ'ér

◆ ドリル1 ◆

1 中国語に訳し，漢字（簡体字）とピンインの両方で書きなさい。

① 私は日本人です。※日本人 Rìběnrén

② 私は山田と申します。※山田 Shāntián

③ これは彼のパソコンです。

④ 私は北京大学の留学生です。※北京大学 Běijīng Dàxué

2 上の **1** で訳した文を否定文に書き換えなさい。

①

②

③

④

3 次の疑問文を“吗”を用いて中国語に訳し，（　）の指示に従って答えの文も書きなさい。

① あなたは来ますか。※来 lái　（否定の答え）

② 彼は中国人ですか。※中国人 Zhōngguórén　（肯定の答え）

③ これはあなたの本ですか。　（肯定の答え）

第 2 课　我 想 买 草莓 和 香蕉。
Dì èr kè　Wǒ xiǎng mǎi cǎoméi hé xiāngjiāo.

111 小林：方 自远，学校里 有 水果店 吗？
Fāng Zìyuǎn, xuéxiàoli yǒu shuǐguǒdiàn ma?

方：有 哇。你 想 买 什么？
Yǒu wa. Nǐ xiǎng mǎi shénme?

小林：我 想 买 草莓 和 香蕉。
Wǒ xiǎng mǎi cǎoméi hé xiāngjiāo.

星期 天 水果店 开门 吗？
Xīngqī tiān shuǐguǒdiàn kāimén ma?

方：开 呀。早上 八 点 开门，晚上 七 点 关门。
Kāi ya. Zǎoshang bā diǎn kāimén, wǎnshang qī diǎn guānmén.

小林：那 我 现在 去。晚上 我 有 选修课，没有 时间。
Nà wǒ xiànzài qù. Wǎnshang wǒ yǒu xuǎnxiūkè, méiyou shíjiān.

方：什么 课？几 点 上 课？
Shénme kè? Jǐ diǎn shàng kè?

小林：“生活里 的 经济学”。晚上 六 点 半 上 课。
“Shēnghuóli de jīngjìxué”. Wǎnshang liù diǎn bàn shàng kè.

112 **■新出語句■**

里 li ⇨ 2
有 yǒu ⇨ 1
水果店 shuǐguǒdiàn
哇 wa
想 xiǎng ⇨ 3
买 mǎi
什么 shénme ⇨ 4
草莓 cǎoméi
和 hé ⇨ 5
香蕉 xiāngjiāo
星期天 xīngqī tiān ⇨ コラム
开门 kāi//mén
呀 ya
早上 zǎoshang
点 diǎn ⇨ 6
晚上 wǎnshang
关门 guān//mén
那 nà
现在 xiànzài
去 qù
选修课 xuǎnxiūkè
没有 méiyou
时间 shíjiān
课 kè
几 jǐ ⇨ 4
上 shàng
生活 shēnghuó
经济学 jīngjìxué
半 bàn

文法ポイント

113

1 存在を表す動詞“有”

場所表現や時間表現を主語とし，人や事物の存在を述べたてる（話題の場や時間に「～がある；～がいる」という意味を表す)。存在する人や事物を表す名詞は“有”のあと（目的語の位置）に置く。人を表す名詞が主語に立つと，所有を表す意味にも理解される。“有”の否定には“没有”もしくは“没”を用い，“不”は用いない。

冰箱里　有　可乐，你　自己　拿！（⇨“里”：ポイント2方位词）
Bīngxiāngli　yǒu　kělè,　nǐ　zìjǐ　ná!

东南亚　没有　冬季。
Dōngnányà　méiyou　dōngjì.

明天　有　联欢会。
Míngtiān　yǒu　liánhuānhuì.

我　没有　兄弟　姐妹。
Wǒ　méiyou　xiōngdì　jiěmèi.

114

2 方位詞

「上，下，なか，そと，前，うしろ」などの空間を表すいくつかの語を方位詞という。方位詞には“上、里、后”のような単音節の類と“上面、里边儿、后头”のような二音節の類がある。

	东 dōng	南 nán	西 xī	北 běi	左 zuǒ	右 yòu	上 shàng	下 xià	前 qián	后 hòu	里 lǐ	外 wài	旁 páng	对 duì
边(儿) bian(r)	+	+	+	+	+	+	+	+	+	+	+	+	+*	−
面 miàn	+	+	+	+	+	+	+	+	+	+	+	+	−	+
头 tou	−	−	−	−	−	−	+	+	+	+	+	+	−	−

「+」はその組み合わせが成立し，「−」はその組み合わせが非成立であることを表す。

“边（儿）・面・头”は組み合わせによって，声調を付けて発音する場合と，軽声で発音する場合とがある。

＊“旁边儿 pángbiānr”だけは，“边儿 biānr”を第1声で発音する。

■新出語句■

冰箱 bīngxiāng
可乐 kělè
自己 zìjǐ
拿 ná
东南亚 Dōngnányà
冬季 dōngjì
明天 míngtiān
联欢会 liánhuānhuì
兄弟 xiōngdì
姐妹 jiěmèi
旁边儿 pángbiānr

¶　1）“边（儿）・面・头”を組み合わせた二音節の方位詞は，「名詞（句）＋方位詞」または「名詞（句）＋“的”＋方位詞」のかたちで，ほかの名詞のあとに付けて用いる。また，単独で主語や目的語に用いることもできる。

永定门　东边儿　是　天坛，西边儿　是　先农坛。
Yǒngdìngmén　dōngbianr　shì　Tiāntán,　xībianr　shì　Xiānnóngtán.

南面　有　山，北面　有　河。
Nánmiàn　yǒu　shān,　běimiàn　yǒu　hé.

2）“上・下・前・后・里・外”は，一般に「名詞（句）＋方位詞」のかたちで，単独で名詞（句）のあとに付けて用いることができる。それ以外の“东・南・西・北・左・右・对”にはこの用法が無い（停留所名などは除く）。なお“旁”は“门旁 ménpáng・路旁 lùpáng”など単語として存在するが，組み合わされる名詞は単音節のものに限られる。

书架上　有　灰，桌子上　也　有　灰。
Shūjiàshang　yǒu　huī,　zhuōzishang　yě　yǒu　huī.

车站里　没有　自动　取款机。
Chēzhànli　méiyou　zìdòng　qǔkuǎnjī.

115

3 助動詞“想”

動詞句の前に用い，願望や欲求を表す。「～したい」。否定は“不想”（～したくない）。

注）中国語文法では，動詞の前に用いて可能や願望を表す一群の語を“能愿动词 néngyuàn dòngcí”と呼ぶが，本書では学習者の便宜を考慮して「助動詞」という用語で呼ぶ。

他　想　看　奥运　比赛。
Tā　xiǎng　kàn　Ào-yùn　bǐsài.

我　想　休息，不　想　出门。
Wǒ　xiǎng　xiūxi,　bù　xiǎng　chūmén.

永定门 Yǒngdìngmén	北面 běimiàn	灰 huī	奥运 Ào-yùn
天坛 Tiāntán	河 hé	桌子 zhuōzi	比赛 bǐsài
先农坛 Xiānnóngtán	门旁 ménpáng	自动 zìdòng	休息 xiūxi
南面 nánmiàn	路旁 lùpáng	取款机 qǔkuǎnjī	出门 chū//mén
山 shān	书架 shūjià	看 kàn	

116

4 疑問詞疑問文——“谁”“什么”“几”

“谁”……1）単独で主語や目的語に用いる。「だれ」。2）「だれの～」と所有者を問う場合は，“谁”のあとに“的”をともなう。

谁　是　你们　的　班主任？
Shéi shì nǐmen de bānzhǔrèn?

这　是　谁　的　手机　号码？
Zhè shì shéi de shǒujī hàomǎ?

“什么”……1）単独で主に目的語に用いる。「なに」。2）名詞の前に直接付ける。「なんの～；どういう～」。

你　想　吃　什么？
Nǐ xiǎng chī shénme?

你　喝　什么　茶？
Nǐ hē shénme chá?

“几”……必ず直後に量詞や度量衡の単位をともない，順序や数量を尋ねる。詳細は本課コラム参照。（⇨“量詞”：第4課ポイント 1 ）

昨天　的　积雪　有　几　厘米？
Zuótiān de jīxuě yǒu jǐ límǐ?

你　是　几　年级　的　学生？
Nǐ shì jǐ niánjí de xuésheng?

117

5 接続詞“和”

複数の名詞（句）を並列の関係で結びつける。「～と」。名詞（句）が2つの場合は“X和Y”とし，3つ以上の場合は“X、Y和Z”のように，通常は最後の名詞（句）の前に接続詞の“和”を用いる。（⇨第6課ポイント 5 前置詞“和”）

京都　和　奈良　是　日本　的　古都。
Jīngdū hé Nàiliáng shì Rìběn de gǔdū.

她　热爱　音乐　和　文学。
Tā rè'ài yīnyuè hé wénxué.

■新出語句■

谁 shéi	吃 chī	积雪 jīxuě	古都 gǔdū
班主任 bānzhǔrèn	喝 hē	厘米 límǐ	热爱 rè'ài
手机 shǒujī	茶 chá	京都 Jīngdū	音乐 yīnyuè
号码 hàomǎ	昨天 zuótiān	奈良 Nàiliáng	文学 wénxué

我 去 北京、天津、西安 和 广州。
Wǒ qù Běijīng、Tiānjīn、Xī'ān hé Guǎngzhōu.

¶ 中国語では“、”（顿号 dùnhào）を並列の意味で使う。通常の読点にはコンマ“,”（逗号 dòuhào）を用いる。

118

6 時刻の言い方

现在 几 点（钟）？
Xiànzài jǐ diǎn (zhōng)?

6：29 六 点 二十九（分）
liù diǎn èrshijiǔ (fēn)

2：15 两 点 一 刻 ／ 两 点 十五（分）
liǎng diǎn yí kè ／ liǎng diǎn shíwǔ (fēn)

12：30 十二 点 三十（分） ／ 十二 点 半
shí'èr diǎn sānshí (fēn) ／ shí'èr diǎn bàn

5：45 五 点 三 刻 ／ 五 点 四十五（分）
wǔ diǎn sān kè ／ wǔ diǎn sìshiwǔ (fēn)

9：55 差 五 分 十 点 ／ 九 点 五十五（分）
chà wǔ fēn shí diǎn ／ jiǔ diǎn wǔshiwǔ (fēn)

2：03 两 点 零 三（分）
liǎng diǎn líng sān (fēn)

参照 第5課コラム「二桁以上の数字」

119

曜日と日付の言い方 Column 1

今天 星期 几？
Jīntiān xīngqī jǐ?

星期 一 星期 二 星期 三 星期 四 星期 五 星期 六 星期 天
xīngqī yī xīngqī èr xīngqī sān xīngqī sì xīngqī wǔ xīngqī liù xīngqī tiān

今天 几 月 几 号？
Jīntiān jǐ yuè jǐ hào?

一 月 一 号 三 月 三十一 日
yī yuè yī hào sān yuè sānshiyī rì

北京 Běijīng
天津 Tiānjīn
西安 Xī'ān
广州 Guǎngzhōu
顿号 dùnhào
逗号 dòuhào
钟 zhōng
分 fēn
两 liǎng
刻 kè
差 chà
零 líng
今天 jīntiān
星期 xīngqī
月 yuè
号 hào
日 rì

120 疑問数詞“几”の用法について Column 2

1）基数（計量数）としての用法……答えの上限が 10 未満であることを予測して「いくつ？」と数量を尋ねるときに用いる。

“小朋友，你 几 岁？”——“八 岁。”
Xiǎopéngyou, nǐ jǐ suì? Bā suì.

“我 要 啤酒。”——“要 几 瓶？”
Wǒ yào píjiǔ. Yào jǐ píng?

2）序数としての用法……上限が明らかな閉じた集合を対象に，何番目にあたるかという順序を尋ねるときに用いる。

“你 看 第 几 页？”——“我 看 第 三十五 页。”
Nǐ kàn dì jǐ yè? Wǒ kàn dì sānshiwǔ yè.

“今天 几 月 几 号？”——“十二 月 二十八 号。”
Jīntiān jǐ yuè jǐ hào? Shí'èr yuè èrshibā hào.

◆ ドリル2 ◆

1 中国語に訳し，漢字（簡体字）とピンインの両方で書きなさい。

① 大学（の中）にはコンビニがありません。※便利店 biànlìdiàn

② あなたの専門は何ですか。※专业 zhuānyè

③ 今日は水曜日ではなくて，木曜日です。

④ 教室（の中）には人がいない。※教室 jiàoshì，人 rén

■新出語句■

小朋友 xiǎopéngyou　啤酒 píjiǔ　第 dì
岁 suì　瓶 píng　页 yè

2 ピンインを漢字（簡体字）に書き換え，かつその文に答えなさい。

① Xīngqī sì zǎoshang nǐ yǒu kè ma?

② Xiànzài jǐ diǎn zhōng?

③ Nǐ yǒu xiōngdì jiěmèi ma?

④ Jīntiān jǐ yuè jǐ hào, xīngqī jǐ?

3 （　）に適当な疑問詞を入れ，全文を日本語に訳しなさい。

① 他是（　　　）？—— 他是我哥哥。

② 你的生日是（　　　）月（　　　）号？

③ 明天你（　　　）点上课？

④ 你们大学图书馆的东边儿有（　　　）？

第3课　咱们 一起 去 食堂 吃 饺子 吧。
Dì sān kè　Zánmen yìqǐ qù shítáng chī jiǎozi ba.

121
方：　喂，小林，你 在 哪儿？
Wèi, Xiǎolín, nǐ zài nǎr?

小林：我 在 图书馆里。你 呢？
Wǒ zài túshūguǎnli. Nǐ ne?

方：　我 在 回 学校 的 车上。今天 中午 你 回 宿舍 做饭 吗？
Wǒ zài huí xuéxiào de chēshang. Jīntiān zhōngwǔ nǐ huí sùshè zuòfàn ma?

小林：我 今天 不 想 做饭，想 去 食堂 吃。
Wǒ jīntiān bù xiǎng zuòfàn, xiǎng qù shítáng chī.

方：　那 咱们 一起 去 食堂 吃 饺子 吧。
Nà zánmen yìqǐ qù shítáng chī jiǎozi ba.

小林：好 啊。食堂里 也 有 饺子 吗？
Hǎo a. Shítángli yě yǒu jiǎozi ma?

方：　有 哇。卖 饺子 的 窗口 在 三 楼，教师 餐厅 旁边儿。
Yǒu wa. Mài jiǎozi de chuāngkǒu zài sān lóu, jiàoshī cāntīng pángbiānr.

小林：那 咱们 十二 点 见 吧。
Nà zánmen shí'èr diǎn jiàn ba.

方：　好。
hǎo.

122
■新出語句■

喂 wèi
在 zài ⇨ 1
哪儿 nǎr ⇨ 2
呢 ne ⇨ 3
回 huí
的 de ⇨ 4
车 chē
中午 zhōngwǔ ⇨ コラム
宿舍 sùshè
做饭 zuò//fàn
食堂 shítáng
一起 yìqǐ
饺子 jiǎozi
吧 ba ⇨ 6
好 hǎo
啊 a
卖 mài
窗口 chuāngkǒu
楼 lóu
教师 jiàoshī
餐厅 cāntīng
见 jiàn

文法ポイント

123

1 所在を表す動詞“在”

場所表現を目的語にとり，話題の人物や事物が「～にいる；～にある」という所在を表す。“在”の否定には“不”を用いる。

东京　迪士尼乐园　在　千叶　县。
Dōngjīng　Díshìnílèyuán　zài　Qiānyè　Xiàn.

钥匙　在　书包里。
Yàoshi　zài　shūbāoli.

小李　不　在　教室(里)。
Xiǎo-Lǐ　bú　zài　jiàoshì(li).

124

2 指示詞“这儿・那儿・哪儿”

<table>
<tr><th colspan="2">近称</th><th colspan="2">遠称</th><th>不定称（疑問詞）</th></tr>
<tr><td colspan="2">这儿 zhèr
这里 zhèli</td><td colspan="2">那儿 nàr
那里 nàli</td><td>哪儿 nǎr
哪里 nǎli</td></tr>
<tr><td>ココ</td><td colspan="2">ソコ</td><td>アソコ</td><td>ドコ</td></tr>
</table>

¶ “这里・那里・哪里”は書面語に多く用いられる。

我　家　在　那儿。
Wǒ　jiā　zài　nàr.

这儿　没有　电梯。
Zhèr　méiyou　diàntī.

洗手间　在　哪儿？
Xǐshǒujiān　zài　nǎr?

东京 Dōngjīng
迪士尼乐园 Díshìnílèyuán
千叶 Qiānyè
县 xiàn
钥匙 yàoshi
书包 shūbāo
这儿 zhèr
这里 zhèli
那儿 nàr
那里 nàli
哪儿 nǎr
哪里 nǎli
电梯 diàntī
洗手间 xǐshǒujiān

¶ “ヒトを表す名詞(句)＋这儿・那儿”のかたちで，「～のところ」という意味を表す。

你 告诉 她，她 的 手机 在 我 这儿。
Nǐ gàosu tā, tā de shǒujī zài wǒ zhèr.

小王 那儿 有 感冒药，你 要 吗？
Xiǎo-Wáng nàr yǒu gǎnmàoyào, nǐ yào ma?

125
3 文末助詞“呢”(1)

日本語の「～は？」のように，省略疑問文をつくる。直前の発話内容を省略する用法と，（いきなり発話して）人や事物の所在を尋ねる用法がある。

（⇨ 第 14 課ポイント 4 文末助詞“呢”(2)）

我 参加 摄影 社团，你 呢？
Wǒ cānjiā shèyǐng shètuán, nǐ ne?

我 属 猴儿，你 呢？
Wǒ shǔ hóur, nǐ ne?

欸，我 的 手机 呢？
Éi, wǒ de shǒujī ne?

126
4 “的”を用いる名詞句(2)

「動詞X（＋目的語Y）＋“的”＋名詞Z」のかたちで，「(Yを) Xする／した／しているZ」という意味の名詞句（連体修飾構造）をつくる。

穿 连衣裙 的 女孩子 是 我 的 表妹。
Chuān liányīqún de nǚháizi shì wǒ de biǎomèi.

他们 是 编写 电脑 程序 的 工程师。
Tāmen shì biānxiě diànnǎo chéngxù de gōngchéngshī.

■新出語句■

告诉 gàosu
感冒药 gǎnmàoyào
摄影 shèyǐng
社团 shètuán
属 shǔ
猴儿 hóur
欸 éi
穿 chuān
连衣裙 liányīqún
女孩子 nǚháizi
表妹 biǎomèi
编写 biānxiě
程序 chéngxù
工程师 gōngchéngshī

127 **5 連動文**

複数の動詞または動詞句が直接結びついてひとつの述語を構成している構造を「連動構造」といい，そのような構造の述語からなる文を「連動文」という。「連動文」では，基本的に前の動詞（句）が手段または移動を表し，あとの動詞（句）が目的を表す。

主語	述語 動詞(句)$_1$ ＋ 動詞(句)$_2$	動詞(句)$_1$ ＋ 動詞(句)$_2$ の意味関係
我 Wǒ	去 做 志愿者。 qù zuò zhìyuànzhě.	移動＋目的
我 Wǒ	去 图书馆 还 书。 qù túshūguǎn huán shū.	移動＋目的
我 Wǒ	发 邮件 告诉 他。 fā yóujiàn gàosu tā.	手段＋目的
他们 Tāmen	打针 预防 流感。 dǎzhēn yùfáng liúgǎn.	手段＋目的

¶ 動詞（句）$_1$には，“来”と“去”を除いて，単独の動詞を用いることはできない。

（必ず目的語か動詞接尾辞をともなう ⇨ 第 13 課ポイント 6 連動文に用いる“着”）

128 **6 文末助詞“吧”（1）**

文末に用い，動作行為の遂行を勧めたり提案したりする気持ちを表す。「～しましょう」。

（⇨ 第 7 課ポイント 2 文末助詞“吧”（2））

明天 咱们 去 颐和园 玩儿 吧。
Míngtiān zánmen qù Yíhéyuán wánr ba.

咱们 去 唱 卡拉 OK 吧，怎么样？
Zánmen qù chàng kǎlā OK ba, zěnmeyàng?

做 zuò
志愿者 zhìyuànzhě
还 huán
发 fā
邮件 yóujiàn
打针 dǎ//zhēn
预防 yùfáng
流感 liúgǎn
颐和园 Yíhéyuán
玩儿 wánr
唱 chàng
卡拉 OK kǎlā OK
怎么样 zěnmeyàng

129

◆ 時間詞をおぼえましょう

大前天 dàqiántiān （さきおととい）			大前年 dàqiánnián （さきおととし）
前天 qiántiān （おととい）	上上（个）星期 shàngshàng (ge) xīngqī （先先週）	上上（个）月 shàngshàng (ge) yuè （先先月）	前年 qiánnián （おととし）
昨天 zuótiān （昨日）	上（个）星期 shàng (ge) xīngqī （先週）	上（个）月 shàng (ge) yuè （先月）	去年 qùnián （去年）
今天 jīntiān （今日）	这（个）星期 zhè (ge) xīngqī （今週）	这（个）月 zhè (ge) yuè （今月）	今年 jīnnián （今年）
明天 míngtiān （明日）	下（个）星期 xià (ge) xīngqī （来週）	下（个）月 xià (ge) yuè （来月）	明年 míngnián （来年）
后天 hòutiān （あさって）	下下（个）星期 xiàxià (ge) xīngqī （再来週）	下下（个）月 xiàxià (ge) yuè （再来月）	后年 hòunián （再来年）
大后天 dàhòutiān （しあさって）		注）会話では，“个”は 省略されない	大后年 dàhòunián

（量詞 “个” ⇨ 第 4 課ポイント 1 数量詞からなる名詞句）

※事態の発生する時点を表す「時間詞」は，主語の前か，主語と述語のあいだに用いられる。

今天 我 不 想 去 看 棒球 比赛。（×我不想去看棒球比赛今天。）
Jīntiān wǒ bù xiǎng qù kàn bàngqiú bǐsài.

咱们 下 个 月 去 北京 旅游 吧。（×咱们去北京旅游下个月吧。）
Zánmen xià ge yuè qù Běijīng lǚyóu ba.

■新出語句■

棒球 bàngqiú

旅游 lǚyóu

130

◆ 一日の時間的な区切り

早上 zǎoshang	上午 shàngwǔ	中午 zhōngwǔ	下午 xiàwǔ	晚上 wǎnshang	夜里 yèli
白天 báitiān					

◆ ドリル３ ◆

1 単語を並べ替えて，正しい文をつくりなさい。

① [电影 / 新宿 / 我 / 看 / 后天 / 去]。※新宿 Xīnsù：新宿，电影 diànyǐng：映画

----

② [的 / 是 / 也 / 写 / 这 / 小说 / 鲁迅]。※写 xiě：書く，小说 xiǎoshuō：小説

----

③ [八月 / 吧 / 旅游 / 我们 / 一起 / 中国 / 明年 / 去]。

----

④ [有 / 笔记本 / 吗 / 这儿 / 电脑 / 你] ?

----

2 ピンインを漢字（簡体字）に書き換えなさい。

① Wǒ xiǎng chī jiǎozi, nǐ ne?

----

② Xiǎo-Lǐ ne? —— Tā jīntiān bù lái.

----

③ Zánmen míngtiān wǔ diǎn jiàn ba.

----

④ Zhè ge xīngqī Xiǎo-Wáng bú zài Dōngjīng.

----

3 中国語に訳し，漢字（簡体字）で書きなさい。

① 図書館はどこにありますか。

② 私はコーラを飲みたい。あなたは？

③ 明日の午後あなたは授業がありますか。

④ 今日の夜いっしょにご飯をつくりましょう。

第4课　我 点了 一 杯 咖啡。
Dì sì kè　Wǒ diǎnle yì bēi kāfēi.

131

小林：今天 我 发现了 一 家 书店，叫 “万松 书院”。
Jīntiān wǒ fāxiànle yì jiā shūdiàn, jiào “Wànsōng Shūyuàn”.

你们 知道 吗？
Nǐmen zhīdao ma?

方：不 知道。在 什么 地方？
Bù zhīdào. Zài shénme dìfang?

杨：我 知道。那 家 书店 很 有名。
Wǒ zhīdao. Nà jiā shūdiàn hěn yǒumíng.

在 京北 大学 东边儿。
Zài Jīngběi Dàxué dōngbianr.

小林：对，书店 的 楼上 有 一 家 书吧，环境 非常 好。
Duì, shūdiàn de lóushàng yǒu yì jiā shūbā, huánjìng fēicháng hǎo.

我 点了 一 杯 咖啡，在 那儿 看了 两 个 小时 书。
Wǒ diǎnle yì bēi kāfēi, zài nàr kànle liǎng ge xiǎoshí shū.

杨：我 上 个 星期 在 那儿 买了 很 多 便宜 的 二手书。
Wǒ shàng ge xīngqī zài nàr mǎile hěn duō piányi de èrshǒushū.

方：小林，难得 放了 三 天 假，你 没 去 玩儿？
Xiǎolín, nándé fàngle sān tiān jià, nǐ méi qù wánr?

132

■新出語句■

发现 fāxiàn	知道 zhīdao	楼上 lóushàng	杯 bēi	二手书 èrshǒushū
了 le ⇨ 2	地方 dìfang	书吧 shūbā	咖啡 kāfēi	难得 nándé
家 jiā ⇨ 1	那 nà ⇨ 3	环境 huánjìng	在 zài ⇨ 5	放假 fàng//jià
书店 shūdiàn	很 hěn	非常 fēicháng	个 ge	天 tiān
叫 jiào	有名 yǒumíng ⇨ 4	好 hǎo	小时 xiǎoshí ⇨ 6	没 méi ⇨ 2
书院 shūyuàn	对 duì	点 diǎn	便宜 piányi	

杨：　逛　书店　也　是　玩儿　啊。
Guàng shūdiàn yě shì wánr a.

方：　你们　都　是　好学生。
Nǐmen dōu shì hǎoxuésheng.

文法ポイント

133
1 数量詞からなる名詞句

人や事物の数量は，「数詞＋量詞＋名詞」のかたちの名詞句で表す。「量詞」は日本語の助数詞にあたり，数える名詞の種類に従ってそれぞれ個別の量詞を用いる。

一 个 人 yí ge rén	一 个 星期 yí ge xīngqī	一 头 牛 yì tóu niú	两 块 蛋糕 liǎng kuài dàngāo
三 条 鱼 sān tiáo yú	四 片 面包 sì piàn miànbāo	五 张 纸 wǔ zhāng zhǐ	六 把 雨伞 liù bǎ yǔsǎn

134
2 動詞接尾辞“了”

動詞のあとに付き，動作や変化が，問題の時点において〈完了している〉こと，すなわち〈すでに実現済み〉の局面にあることを表す。「～した」。“動詞＋了＋目的語”のかたちではそこで文が終止せず，後続の文が続く。目的語が数量詞（本課ポイント 1 ）をともなうと文を終止することができる。否定は“没（有）”を用い，否定文では動詞に“了”は付けない。

明天　下了　课　咱们　一起　去　涩谷　吃　晚饭　吧。
Míngtiān xiàle kè zánmen yìqǐ qù Sègǔ chī wǎnfàn ba.

我　昨天　看了　两　部　电影。
Wǒ zuótiān kànle liǎng bù diànyǐng.

他　昨天　晚上　喝了　一　瓶　白酒。
Tā zuótiān wǎnshang hēle yì píng báijiǔ.

我　去年　没　去　迪士尼　乐园。（×没去了迪士尼乐园）
Wǒ qùnián méi qù Díshìní Lèyuán.

■新出語句■

逛 guàng
都 dōu ⇨ 7
好学生 hǎoxuésheng
头 tóu
牛 niú
块 kuài
蛋糕 dàngāo
条 tiáo
鱼 yú
片 piàn
面包 miànbāo
张 zhāng
纸 zhǐ
把 bǎ
雨伞 yǔsǎn
下 xià
涩谷 Sègǔ
晚饭 wǎnfàn
部 bù
白酒 báijiǔ

135 3 指示詞からなる名詞句

「この～」「あの～」「どの～」と，指示詞を用いて人や事物を指し示すときは，一般に「指示詞＋数詞＋量詞＋名詞」のかたちの名詞句を用いる。

近称	遠称	不定称
这 (一) 个 人 zhè (yí) ge rén	那 (一) 个 人 nà (yí) ge rén	哪 (一) 个 人 nǎ (yí) ge rén
zhèi ge rén	nèi ge rén	něi ge rén
这 两 本 书 zhè liǎng běn shū	那 两 本 书 nà liǎng běn shū	哪 两 本 书 nǎ liǎng běn shū

¶ 1）数詞が“一”のときは，多くの場合，“一”を省略し，“这”は zhèi，“那”は nèi，“哪”は něi と発音されることがある。

2）名詞を省略し，“这个・那个・哪个”だけで，「これ・あれ・どれ」を意味する名詞句として，主語や目的語に用いることもできる。

“你 要 哪个？”——“我 要 这个。”
Nǐ yào něige? Wǒ yào zhèige.

“你 的 行李 是 这个 吗？”——“不 是 这个，是 那个。”
Nǐ de xíngli shì zhèige ma? Bú shì zhèige, shì nèige.

136 4 形容詞の用法

1）述語……中国語の形容詞は単独で述語になることができるが，肯定形平叙文では「対比」の意味が含まれる。述語の形容詞が副詞の修飾を受けている場合，あるいは諾否疑問文や否定文の場合は，「対比」の意味は含意されない。

我 的 电脑 旧，你 的 电脑 新。
Wǒ de diànnǎo jiù, nǐ de diànnǎo xīn.

王府井 非常 热闹。
Wángfǔjǐng fēicháng rènao.

本 běn
行李 xíngli
旧 jiù
新 xīn
王府井 Wángfǔjǐng
热闹 rènao

2）連体修飾語……中国語の形容詞は通常“的”をともなって名詞を修飾することができるが，単音節（一文字）の形容詞の場合は「対比」の意味が含まれる。名詞を省略し，“形容詞＋的”のかたちでも用いることができる。また，「形容詞＋名詞」の複合の度合いが強く，一語の意味として確立している場合は“的”をともなわない。

厚 的 词典 贵，薄 的 便宜。
Hòu de cídiǎn guì, báo de piányi.

青海 有 美丽 的 茶卡盐湖 和 著名 的 柴达木盆地。
Qīnghǎi yǒu měilì de Chákǎ Yánhú hé zhùmíng de Cháidámù Péndì.

今天 有 一 个 好消息。
Jīntiān yǒu yí ge hǎoxiāoxi.

137

5 前置詞“在”

場所を表す名詞句をともない，動作・行為が行なわれる場所や状況が存在する場所を示す。「～で；～において」。“在＋場所”は述語動詞の前に置く。

我 爷爷 每天 早上 在 公园里 跑步。
Wǒ yéye měitiān zǎoshang zài gōngyuánli pǎobù.

现在 这 种 智能 手机 在 中国 很 流行。
Xiànzài zhè zhǒng zhìnéng shǒujī zài Zhōngguó hěn liúxíng.

138

6 動作量の表現

動作の量（時間量）を表す数量表現は動詞のあとに置く。動詞が目的語をとる場合は，通常「動詞＋動作量＋目的語」の語順となる。（⇨ 第6課コラム5「時間量（時間幅）の表現」）

咱们 休息 十 分 钟 吧。
Zánmen xiūxi shí fēn zhōng ba.

她们 打了 一 个 下午 羽毛球。
Tāmen dǎle yí ge xiàwǔ yǔmáoqiú.

■新出語句■

厚 hòu
词典 cídiǎn
贵 guì
薄 báo
青海 Qīnghǎi
美丽 měilì
茶卡盐湖 Chákǎ Yánhú
著名 zhùmíng
柴达木盆地 Cháidámù Péndì
好消息 hǎoxiāoxi
公园 gōngyuán
跑步 pǎo//bù
种 zhǒng
智能 zhìnéng
流行 liúxíng
打 dǎ
羽毛球 yǔmáoqiú

139

7 副詞“都”

動詞（句）や形容詞（句）の前に用い，述語の表す内容が，文中（あるいは話題）に出てくる複数の事項について「余すところなく；すべて；いずれも」成立することを表す。

他们 都 是 西安人。
Tāmen dōu shì Xī’ānrén.

中国菜、 意大利菜 和 日本菜，我 都 喜欢 吃。
Zhōngguócài、Yìdàlìcài hé Rìběncài, wǒ dōu xǐhuan chī.

西安人 Xī’ānrén
中国菜 Zhōngguócài
意大利菜 Yìdàlìcài
日本菜 Rìběncài
喜欢 xǐhuan

140

◆ 常用量詞とそれを用いる主な名詞

量詞	名詞
个 ge	人 rén　杯子 bēizi　苹果 píngguǒ　问题 wèntí　电话 diànhuà
只 zhī	鸡 jī　猫 māo　鸟 niǎo　表 biǎo　鞋 xié
本 běn	书 shū　杂志 zázhì　词典 cídiǎn　手册 shǒucè
根 gēn	头发 tóufa　火柴 huǒchái　线 xiàn　烟 yān
枝 zhī	铅笔 qiānbǐ　圆珠笔 yuánzhūbǐ　烟 yān
块 kuài	蛋糕 dàngāo　手帕 shǒupà　糖 táng　肉 ròu　手表 shǒubiǎo
条 tiáo	鱼 yú　裤子 kùzi　毛巾 máojīn　被子 bèizi　河 hé　狗 gǒu
件 jiàn	衣服 yīfu　大衣 dàyī　行李 xíngli　事 shì
张 zhāng	纸 zhǐ　票 piào　照片 zhàopiàn　桌子 zhuōzi　床 chuáng
瓶 píng	啤酒 píjiǔ　白酒 báijiǔ　醋 cù
辆 liàng	自行车 zìxíngchē　汽车 qìchē　卡车 kǎchē
架 jià	飞机 fēijī　照相机 zhàoxiàngjī
头 tóu	牛 niú　猪 zhū
把 bǎ	雨伞 yǔsǎn　扇子 shànzi　椅子 yǐzi　茶壶 cháhú　刀 dāo
双 shuāng	鞋 xié　袜子 wàzi　眼睛 yǎnjing
对 duì	夫妻 fūqī　花瓶 huāpíng
斤 jīn	糖 táng　肉 ròu　饺子 jiǎozi

■新出語句■

杯子 bēizi
苹果 píngguǒ
问题 wèntí
电话 diànhuà
只 zhī
鸡 jī
猫 māo
鸟 niǎo
表 biǎo
鞋 xié
杂志 zázhì
手册 shǒucè
根 gēn
头发 tóufa
火柴 huǒchái
线 xiàn
烟 yān
枝 zhī
铅笔 qiānbǐ
圆珠笔 yuánzhūbǐ
手帕 shǒupà
糖 táng
肉 ròu
裤子 kùzi
毛巾 máojīn
被子 bèizi
狗 gǒu
件 jiàn
衣服 yīfu
大衣 dàyī
事 shì
票 piào
照片 zhàopiàn
床 chuáng
醋 cù
辆 liàng
自行车 zìxíngchē
汽车 qìchē
卡车 kǎchē
架 jià
飞机 fēijī
照相机 zhàoxiàngjī
猪 zhū
扇子 shànzi
椅子 yǐzi
茶壶 cháhú
刀 dāo
双 shuāng
袜子 wàzi
眼睛 yǎnjing
对 duì
夫妻 fūqī
花瓶 huāpíng
斤 jīn

◆ ドリル4 ◆

1 （　）に適当な量詞を入れ，全文を日本語に訳しなさい。

① 你点了几（　　）咖啡？

② 那（　　）桌子非常贵。

③ 这（　　）电影在中国非常流行。

④ 新宿站东边儿有一（　　）很有名的书店。

2 単語を並べ替えて，正しい文をつくりなさい。

① [青海 / 没 / 我们 / 去 / 上次 / 玩儿]。

② [我 / 太极拳 / 喜欢 / 摄影 / 都 / 和]。

③ [书店 / 小时 / 了 / 两 / 在 / 看 / 我 / 个 / 书]。

④ [下 / 吃饭 / 王府井 / 了 / 去 / 课 / 一起 / 吧]。

3 中国語に訳し，漢字（簡体字）で書きなさい。

① あなたは雨傘を何本買いましたか？

② あの新しいパソコンはとても高価です。※パソコンは“台 tái”で数える

③ 私たちはここで20分間休憩しましょう。

④ 彼らは全員日本人というわけではありません。

第 5 课　在 哪儿 买 的？
Dì wǔ kè　Zài nǎr mǎi de?

141

方：你们 看，我 买了 一 双 新 的 羽毛球鞋。
Nǐmen kàn, wǒ mǎile yì shuāng xīn de yǔmáoqiúxié.

小林：真 酷！在 哪儿 买 的？花了 多少 钱？
Zhēn kù! Zài nǎr mǎi de? Huāle duōshao qián?

方：在 网上 买 的。不 贵，二百 多 块。
Zài wǎngshang mǎi de. Bú guì, èrbǎi duō kuài.

杨：方 自远，你 会 打 羽毛球 吗？
Fāng Zìyuǎn, nǐ huì dǎ yǔmáoqiú ma?

方：当然 会。你 没 看过 我 打 羽毛球 吗？
Dāngrán huì. Nǐ méi kànguo wǒ dǎ yǔmáoqiú ma?

杨：没 看过。
Méi kànguo.

小林：杨 阳，我 也 想 买 一 双。怎么 买？
Yáng Yáng, wǒ yě xiǎng mǎi yì shuāng. Zěnme mǎi?

杨：你 上 这 个 网站，先 注册 一 个 账号，
Nǐ shàng zhè ge wǎngzhàn, xiān zhùcè yí ge zhànghào,

再 选择 想 要 的 商品。
zài xuǎnzé xiǎng yào de shāngpǐn.

142

■新出語句■

羽毛球鞋 yǔmáoqiúxié	钱 qián	当然 dāngrán	注册 zhùcè
真 zhēn	网 wǎng	过 guo ⇨ 5	账号 zhànghào
酷 kù	百 bǎi	怎么 zěnme ⇨ 1	再 zài ⇨ 6
的 de ⇨ 2	多 duō	上 shàng	选择 xuǎnzé
花 huā	块 kuài	网站 wǎngzhàn	商品 shāngpǐn
多少 duōshao ⇨ 3	会 huì ⇨ 4	先 xiān	

方：　杨　阳，改天　我　约　小林　打　球，你　来　观战　吧。
Yáng Yáng,　gǎitiān　wǒ　yuē　Xiǎolín　dǎ　qiú,　nǐ　lái　guānzhàn　ba.

文法ポイント

143 **1 疑問詞“怎么”（1）**

「“怎么”＋動詞」の形で「動作の具体的なやり方」を問う。「どうやって；どのように」。動作のやり方を問う場合，「主題＋“怎么”＋動詞」といういわゆる主題化構文（日本語で「日本酒は，私は飲めない」や「佐藤さんの息子さんは，工学部の３年生です」のように，助詞「ハ」を用いて主題を文頭に置き，それについて説明やコメントを述べる文）を構成することが多い。

（⇨ 第 10 課ポイント 4 疑問詞“怎么”（2））

妈妈，鱼香肉丝　怎么　做？
Māma,　yúxiāngròusī　zěnme　zuò?

您　好，请问　天安门　怎么　走？
Nín　hǎo,　qǐngwèn　Tiān'ānmén　zěnme　zǒu?

144 **2 “（是）～的”構文**

すでに行なわれた行為について，その時間・場所・手段・動作者などを取り立てて，説明したり，尋ねたりする。「～したのだ」。取り立てられる単語の前に“是”を置き，動詞の直後に“的”を置く。“是”は省略可能であるが，否定文では必ず“是”を用いる。

你（是）怎么　来　的？——　我（是）打车　来　的。
Nǐ　(shì)　zěnme　lái　de?　　Wǒ　(shì)　dǎchē　lái　de.

你（是）今天　到　的　厦门　吗？——　不　是，是　前天　到　的。
Nǐ　(shì)　jīntiān　dào　de　Xiàmén　ma?　　Bú　shì,　shì　qiántiān　dào　de.

你（是）在　哪儿　学　的　广东话？——　我（是）在　香港　学　的。
Nǐ　(shì)　zài　nǎr　xué　de　Guǎngdōnghuà?　　Wǒ　(shì)　zài　Xiānggǎng　xué　de.

■新出語句■

改天 gǎitiān	请问 qǐngwèn	到 dào	香港 Xiānggǎng
约 yuē	天安门 Tiān'ānmén	厦门 Xiàmén	
观战 guānzhàn	走 zǒu	学 xué	
鱼香肉丝 yúxiāngròusī	打车 dǎ//chē	广东话 Guǎngdōnghuà	

145 ③ **疑問詞“多少”**

答えの上限を予測しにくい集合を対象に，「いくつ？」あるいは「何番？」と尋ねる。単独で用いるか,「“多少”＋名詞」のかたちで用いる。「“多少”＋量詞＋名詞」のかたちで用いることもある。

他的手机号码是多少？
Tā de shǒujī hàomǎ shì duōshao?

你们大学有多少留学生？
Nǐmen dàxué yǒu duōshao liúxuéshēng?

书架上有多少本书？
Shūjiàshang yǒu duōshao běn shū?

146 ④ **助動詞“会”（1）**

動詞の前に用い，「(技能を会得していて) ～できる」という意味を表す。日常誰もが行なう行為に“会”を付けると，「～するのに長けている」という意味になる。このときは，しばしば“很”などの程度副詞の修飾を受ける。（⇨ 第 14 課ポイント⑥助動詞“会”(2)）

陈老师会说五种外语。
Chén lǎoshī huì shuō wǔ zhǒng wàiyǔ.

他不会吹口琴。
Tā bú huì chuī kǒuqín.

小张很会买东西。
Xiǎo-Zhāng hěn huì mǎi dōngxi.

147 ⑤ **動詞接尾辞“过”**

動詞のあとに付き，動作・行為が〈経験済み〉であることを表す。「～したことがある」。否定は“没有 méiyou”または“没 méi”を用い，“不”は用いない。否定文においても，“过”は依然として動詞に付ける。

我吃过正宗的川菜。
Wǒ chīguo zhèngzōng de Chuāncài.

你看过《西游记》吗？ —— 没看过。
Nǐ kànguo «Xīyóujì» ma? Méi kànguo.

陈 Chén
老师 lǎoshī
说 shuō
吹 chuī
口琴 kǒuqín
东西 dōngxi
正宗 zhèngzōng
川菜 Chuāncài
西游记 Xīyóujì

我 没 去过 故宫 博物院。
Wǒ méi qùguo Gùgōng Bówùyuàn.

148

6 副詞“再”

1）ある動作をまず行なってから，あるいはある出来事が実現してから，「それから；そのうえで；あらためて（～する）」という意味を表す。“先～再…”のかたちでも用いられる。

咱们 先 去 参观 美术馆，然后 再 去 吃 午餐 吧。
Zánmen xiān qù cānguān měishùguǎn, ránhòu zài qù chī wǔcān ba.

我 明天 先 去 银行 再 去 你 家 找 你，怎么样？
Wǒ míngtiān xiān qù yínháng zài qù nǐ jiā zhǎo nǐ, zěnmeyàng?

2）同類の動作や出来事が重ねて実現する（であろう）ことを意味する。「また；もう一度さらに」。2回目の行為は発話以降に行なわれる。

请 再 说 一 遍，好 吗？（⇨“遍”：第7課ポイント4）
Qǐng zài shuō yí biàn, hǎo ma?

欢迎 你 明天 再 来。
Huānyíng nǐ míngtiān zài lái.

■新出語句■

故宫博物院 Gùgōng Bówùyuàn	然后 ránhòu	找 zhǎo
参观 cānguān	午餐 wǔcān	遍 biàn
美术馆 měishùguǎn	银行 yínháng	欢迎 huānyíng

149 二桁以上の数字 *Column 3*

十一	十二	十三	十四	十五	十六	十七	十八	十九	二十
shíyī	shí’èr	shísān	shísì	shíwǔ	shíliù	shíqī	shíbā	shíjiǔ	èrshí

二十一 二十二 二十三 … 三十
èrshiyī èrshi’èr èrshisān sānshí

九十一 九十二 九十三 … 一百
jiǔshiyī jiǔshi’èr jiǔshisān yìbǎi

一百 零 一　　一百 零 二 …　　一百 一（十）
yìbǎi líng yī　　yìbǎi líng èr　　yìbǎi yī(shí)

一百 一十一　　一百 一十二 …　　一百 二（十）
yìbǎi yīshiyī　　yìbǎi yīshi’èr　　yìbǎi èr(shí)

二百 零 一　　二百 零 二 …　　二百 二（十）
èrbǎi líng yī　　èrbǎi líng èr　　èrbǎi èr(shí)

两千 零 一　　两千 零 一十一　　两千 二（百）
liǎngqiān líng yī　　liǎngqiān líng yīshiyī　　liǎngqiān èr(bǎi)

两万 零 一　　两万 零 二百　　两万 二（千）
liǎngwàn líng yī　　liǎngwàn líng èrbǎi　　liǎngwàn èr(qiān)

两亿
liǎngyì

第5课

千 qiān
万 wàn
亿 yì
元 yuán
毛 máo
分 fēn
角 jiǎo
圆 yuán

150

金額の言い方

Column 4

話し言葉	書き言葉
两　块　（钱） liǎng kuài (qián)	二　元　（钱） èr yuán (qián)
十五　块　三　毛　二　分　（钱） shíwǔ kuài sān máo èr fēn (qián)	十五　元　三　角　二　分　（钱） shíwǔ yuán sān jiǎo èr fēn (qián)

注）“元”は“圆”とも表記する。

¶　1）直近の単位が続く場合，末尾の単位は省略できる。

五　块　三　毛　＝　五　块　三
wǔ kuài sān máo　　wǔ kuài sān

2）直近の単位が続かない場合，しばしばあいだに“零”を用いる。

五　块　零　三　分
wǔ kuài líng sān fēn

◆ ドリル5 ◆

1 ピンインを漢字（簡体字）に書き換え，さらに日本語に訳しなさい。

① Wǒ méi kànguo Zhōngguó diànyǐng.

② Wǒ bú huì dǎ bàngqiú.

③ Zuótiān wǎnshang nǐ jǐ diǎn dào de jiā?

④ Zhè shuāng xié duōshao qián?

2 語句を並べ替えて正しい文をつくり，日本語に訳しなさい。

① ［ 唱 ／ 我 ／ 他 ／ 和 ／ 卡拉 OK ／ 过 ／ 一起 ］。

② ［ 问 ／ 请 ／ 走 ／ 北海公园 ／ 怎么 ］？※北海公园 Běihǎi Gōngyuán

③ ［ 洗澡 ／ 再 ／ 晚饭 ／ 先 ／ 吃 ／ 我 ／ 想 ］。※洗澡 xǐ//zǎo：風呂に入る

④ ［ 东京 ／ 来 ／ 是 ／ 什么时候 ／ 的 ／ 你 ］？

3 中国語に訳し，漢字（簡体字）で書きなさい。

① あなたは先月どうやって天津に行ったのですか。

② 彼は料理ができる。※做菜 zuò cài

③（量り売りのお店で，店主が客に）どのくらい要りますか？

④ あなたは中国のどんなところに行ったことがありますか。※什么地方 shénme dìfang

第6课《Dì liù kè》　票《Piào》买好《mǎihǎo》了《le》吗《ma》？

151 方：哎呀《Āiyā》，这《zhè》个《ge》月《yuè》的《de》手机《shǒujī》流量《liúliàng》都《dōu》用完《yòngwán》了《le》。

小林：你《Nǐ》已经《yǐjīng》玩儿了《wánrle》两《liǎng》个《ge》小时《xiǎoshí》了《le》。

放下《Fàngxià》手机《shǒujī》，休息《xiūxi》一会儿《yíhuìr》吧《ba》。

方：听《Tīng》你《nǐ》的《de》。对《Duì》了《le》，小林《Xiǎolín》，

明天《míngtiān》我《wǒ》要《yào》和《hé》朋友《péngyou》打《dǎ》羽毛球《yǔmáoqiú》，你《nǐ》参加《cānjiā》不《bu》参加《cānjiā》？

小林：太《Tài》不《bù》巧《qiǎo》了《le》，我《wǒ》要《yào》去《qù》西安《Xī'ān》见《jiàn》一《yí》个《ge》朋友《péngyou》。

方：是《Shì》吗《ma》。那《Nà》下《xià》次《cì》吧《ba》。票《Piào》买好《mǎihǎo》了《le》吗《ma》？

小林：买好《Mǎihǎo》了《le》，宾馆《bīnguǎn》也《yě》订好《dìnghǎo》了《le》。

方：到了《Dàole》西安《Xī'ān》你《nǐ》知道《zhīdao》怎么《zěnme》走《zǒu》吗《ma》？

152 **■新出語句■**

哎呀 āiyā	放 fàng	和 hé ⇨ 5	次 cì
流量 liúliàng	下 xià ⇨ 3	朋友 péngyou	好 hǎo
用 yòng	一会儿 yíhuìr	参加 cānjiā	宾馆 bīnguǎn
完 wán ⇨ 2	听 tīng	太 tài ⇨ 7	订 dìng
了 le ⇨ 1	对了 duì le	巧 qiǎo	
已经 yǐjīng	要 yào ⇨ 4	下 xià	

小林：你 放心。我 朋友 说 他 到 机场 接 我。
Nǐ fàngxīn. Wǒ péngyou shuō tā dào jīchǎng jiē wǒ.

方： 那，祝 你 一路平安。
Nà, zhù nǐ yí lù píng ān.

文法ポイント

153 **1 文末助詞“了”**

文末に用い，ある事態が，発話の場（または問題の場）にとって新たな変化として生じたことを表す。またその変化が現状に何らかの関係や影響を及ぼしていることを含意する。

春天 到 了，天气 暖和 了。
Chūntiān dào le, tiānqì nuǎnhuo le.

已经 八 点 了，咱们 快 去 吃 晚饭 吧。
Yǐjīng bā diǎn le, zánmen kuài qù chī wǎnfàn ba.

我 吃了 四 碗 了，吃饱 了。（⇨“吃饱”：本課ポイント 2 結果補語）
Wǒ chīle sì wǎn le, chībǎo le.

154 **2 結果補語**

動詞のあとに直接付け加えて，動作・行為がもたらす結果を表す成分を「結果補語」という。結果補語には，変化を表す自動詞や形容詞が用いられる。否定は“没（有）”を用いる。

動詞 ＋ 結果補語	動詞 ＋ 結果補語
吃 饱 chī bǎo	走 累 zǒu lèi
（食ベテ ＋ 満腹デアル→）満腹する	（歩イテ ＋ 疲レル→）歩き疲れる
喝 完 hē wán	看 见 kàn jiàn
（飲ンデ ＋ 終ワル→）飲み終わる	（見テ ＋ 見エル→）見える

放心 fàng//xīn
机场 jīchǎng
接 jiē
祝 zhù
一路平安 yí lù píng ān
春天 chūntiān
天气 tiānqì
暖和 nuǎnhuo
快 kuài
碗 wǎn
饱 bǎo
走 zǒu
累 lèi
见 jiàn

听　　懂
tīng　　dǒng

（聞イテ ＋ 分カル→）聞いて分かる

洗　　干净
xǐ　　gānjìng

（洗ッテ ＋ 清潔デアル→）洗ってきれいになる

来　　晚
lái　　wǎn

（来テ ＋ 遅イ→）遅れて来る［遅刻する］

他 的 肺炎 终于 治好 了。
Tā de fèiyán zhōngyú zhìhǎo le.

我 看清楚 了，那 个 人 不 是 小李。
Wǒ kànqīngchu le, nà ge rén bú shì Xiǎo-Lǐ.

你 刚才 说 的 话，我 没 听懂。
Nǐ gāngcái shuō de huà, wǒ méi tīngdǒng.

155

3 単純方向補語

以下の方向動詞がほかの動詞のあとに付くと方向補語となる。方向補語は動作者や動作対象が行為にともなって移動する方向を表す。（⇨ 第9課ポイント 2 複合方向補語）

〈方向動詞一覧表〉

进 jìn	出 chū	上 shàng	下 xià	回 huí	过 guò	起 qǐ
（入る）	（出る）	（上る）	（下る）	（返る）	（越える）	（上がる）

老王 跑回 厨房，拿了 一 把 菜刀 来。
Lǎo-Wáng pǎohuí chúfáng, nále yì bǎ càidāo lái.

她 掏出 小本儿，记下了 书名 和 出版社。
Tā tāochū xiǎoběnr, jìxiàle shūmíng hé chūbǎnshè.

■新出語句■

懂 dǒng
洗 xǐ
干净 gānjìng
晚 wǎn
肺炎 fèiyán
终于 zhōngyú
治 zhì
清楚 qīngchu
刚才 gāngcái
话 huà
老 lǎo
跑 pǎo
厨房 chúfáng
菜刀 càidāo
掏 tāo
出 chū
小本儿 xiǎoběnr
记 jì
书名 shūmíng
出版社 chūbǎnshè

156

4 助動詞“要”(1)

動詞の前に用い，願望や意図，予定を表す。「～したい；～するつもりだ；～する予定だ」。願望や意図の否定には“不想”（～したくない）を用いる。(⇨ 第9課ポイント 6 助動詞“要”(2))

放了 暑假 我 要 去 上海 旅游。
Fàngle shǔjià wǒ yào qù Shànghǎi lǚyóu.

咖啡 你 要 加 糖 吗？
Kāfēi nǐ yào jiā táng ma?

我 很 忙，不 想 浪费 时间。
Wǒ hěn máng, bù xiǎng làngfèi shíjiān.

157

5 前置詞“和”

行為の相手を導く。「～と」。「“和”＋相手」のあとに，移動や行為を表す動詞句が来る。

明天 我 和 妈妈 一起 去 太古里 逛 街。
Míngtiān wǒ hé māma yìqǐ qù Tàigǔlǐ guàng jiē.

这 件 事 我 不 想 和 父母 商量。
Zhè jiàn shì wǒ bù xiǎng hé fùmǔ shāngliang.

158

6 正反疑問文

述語の動詞（V）や形容詞（A）の肯定形と否定形を両方並べて，「V不V」「A不A」などのかたちで事柄の真偽を問う疑問文。

你 喜欢 不 喜欢 吃 上海菜？
Nǐ xǐhuan bu xǐhuan chī Shànghǎicài?

你 平时 吃 不 吃 辣 的 菜？
Nǐ píngshí chī bu chī là de cài?

学 汉语 难 不 难？
Xué Hànyǔ nán bu nán?

暑假 shǔjià
上海 Shànghǎi
加 jiā
忙 máng
浪费 làngfèi
太古里 Tàigǔlǐ
街 jiē
父母 fùmǔ
商量 shāngliang
上海菜 Shànghǎicài
平时 píngshí
辣 là
汉语 Hànyǔ
难 nán

159 **7** “太～了”

過度に程度がはなはだしいという評価や判定を表す。「ものすごく～；あまりにも～（すぎる）」。否定の“不太”は「あまり／さほど～ではない」という意味を表す。

日本 的 街道 太 干净 了。
Rìběn de jiēdào tài gānjìng le.

你 熬夜 的 习惯 太 不 好 了。
Nǐ áoyè de xíguàn tài bù hǎo le.

这 次 的 物理 考试 不 太 难，我 考了 九十二 分。
Zhè cì de wùlǐ kǎoshì bú tài nán, wǒ kǎole jiǔshi’èr fēn.

160 **時間量（時間幅）の表現** *Column 5*

	一 分 钟 yì fēn zhōng	两 分 钟 liǎng fēn zhōng	十 分 钟 shí fēn zhōng
半 个 小时 bàn ge xiǎoshí	一 个 小时 yí ge xiǎoshí	两 个 小时 liǎng ge xiǎoshí	十 个 小时 shí ge xiǎoshí
半 天 bàn tiān	一 天 yì tiān	两 天 liǎng tiān	十 天 shí tiān
	一 个 星期 yí ge xīngqī	两 个 星期 liǎng ge xīngqī	
半 个 月 bàn ge yuè	一 个 月 yí ge yuè	两 个 月 liǎng ge yuè	十 个 月 shí ge yuè
半 年 bàn nián	一 年 yì nián	两 年 liǎng nián	十 年 shí nián

“小时”は“钟头 zhōngtóu”ともいう。

¶ 時間量の表現は動詞のあとに用いて，動作の実行期間（または行為が完了してからの経過時間）を表す。動詞が目的語をとる場合は，原則として「動詞＋時間量＋目的語」の語順をとる（目的語が人称代名詞などの場合は「動詞＋目的語＋時間量」になる）。

■新出語句■

街道 jiēdào　　习惯 xíguàn　　考试 kǎoshì
熬夜 áo//yè　　次 cì　　考 kǎo

咱们 休息 十 分 钟。
Zánmen xiūxi shí fēn zhōng.

他 学了 三 年 日文。
Tā xuéle sān nián Rìwén.

他 坐了 七 个 钟头 飞机。 cf. 我 等了 他 一 个 钟头。
Tā zuòle qī ge zhōngtóu fēijī. Wǒ děngle tā yí ge zhōngtóu.

◆ ドリル6 ◆

1 ピンインを漢字（簡体字）に書き換え，最も適当なものを選んで（ ）に入れ，文を日本語に訳しなさい。

bǎo_______ tīng_______ kàn_______ xià_______ jiē_______

① 老师说的话，我都（　　）懂了。

....

② 那个人是不是小李，你（　　）清楚了吗？

....

③ 我已经吃了四碗了，吃（　　）了。

....

④ 她在小本儿上记（　　）了我的名字。

....

日文 Rìwén　　　钟头 zhōngtóu
坐 zuò　　　等 děng

2 単語を並べ替えて，正しい文をつくりなさい。

① [热 / 你 / 不 / 怕 / 怕] ？※热 rè：暑い，怕 pà：苦手である

② [去 / 大学 / 去 / 你 / 不 / 明天] ？

③ [厨房 / 菜刀 / 你 / 拿 / 回 / 跑]。

④ [了 / 不 / 太 / 的 / 习惯 / 熬夜 / 好]。

3 中国語に訳し，漢字（簡体字）で書きなさい。

① チケットもホテルも予約済みです。

② この件は両親に相談するつもりです。

③ 夏休みになったら，私は敦煌に旅行に行く予定です。※敦煌 Dūnhuáng

④ もう 12 時半になりました。早くお昼を食べに行きましょう。

第7课　你 脸色 不 太 好 啊。
Dì qī kè　Nǐ liǎnsè bú tài hǎo a.

161 （朝，大学の食堂にて）

方：　小林，早！你 脸色 不 太 好 啊。生 病 了 吧？
Xiǎolín, zǎo! Nǐ liǎnsè bú tài hǎo a. Shēng bìng le ba?

小林：我 感冒 了，头 疼，嗓子 也 有点儿 疼。
Wǒ gǎnmào le, tóu téng, sǎngzi yě yǒudiǎnr téng.

方：　你 吃 药 了 吗？
Nǐ chī yào le ma?

小林：没有，过 一会儿 我 去 一 趟 药店。
Méiyou, guò yíhuìr wǒ qù yí tàng yàodiàn.

杨：　别 乱 吃 药，去 医院 看 一下 吧。
Bié luàn chī yào, qù yīyuàn kàn yíxià ba.

方：　杨 阳，小林 没 去过 中国 的 医院，
Yáng Yáng, Xiǎolín méi qùguo Zhōngguó de yīyuàn,

你 带 他 去 吧。我 上午 有 课。
nǐ dài tā qù ba. Wǒ shàngwǔ yǒu kè.

杨：　行，我 上午 正好 没 事儿。你 给 他 请 一下 假。
Xíng, wǒ shàngwǔ zhènghǎo méi shìr. Nǐ gěi tā qǐng yíxià jià.

162 **■新出語句■**

早 zǎo
脸色 liǎnsè
生 shēng
病 bìng
吧 ba ⇨ 2
感冒 gǎnmào
头 tóu
疼 téng
嗓子 sǎngzi
有点儿 yǒudiǎnr ⇨ 3
药 yào
过 guò
趟 tàng ⇨ 4
药店 yàodiàn
别 bié ⇨ 5
乱 luàn
医院 yīyuàn
看 kàn
一下 yíxià
带 dài
行 xíng
正好 zhènghǎo
没事儿 méi shìr
给 gěi ⇨ 6
请假 qǐng//jià

文法ポイント

163

1 主述述語文

述語の部分が，「主語＋述語」のかたちで構成されるタイプの文を「主述述語文」という。主語を二つ含むところから，「二重主語文」とも呼ばれる。「～は…が…である」。述語の部分には一般に形容詞（句）が用いられる。

主語	述語	
	主語	述語
大象 Dàxiàng	鼻子 bízi	很 长。 hěn cháng.
中国 Zhōngguó	名胜 古迹 míngshèng gǔjì	很 多。 hěn duō.

这 条 裙子 颜色 很 好看。
Zhè tiáo qúnzi yánsè hěn hǎokàn.

日本 四季 很 分明。
Rìběn sìjì hěn fēnmíng.

理工科 男生 比较 多。
Lǐgōngkē nánshēng bǐjiào duō.

164

2 文末助詞“吧”(2)

文末に用い，話し手の推量や聞き手への確認の気持ちを表す。「～でしょう，～ですよね」。

明天 咱们 没有 课 吧？
Míngtiān zánmen méiyou kè ba?

在 北京 租房 很 贵 吧？
Zài Běijīng zūfáng hěn guì ba?

■新出語句■

大象 dàxiàng
鼻子 bízi
长 cháng
名胜 míngshèng
古迹 gǔjì
裙子 qúnzi
颜色 yánsè
好看 hǎokàn
四季 sìjì
分明 fēnmíng
理工科 lǐgōngkē
男生 nánshēng
比较 bǐjiào
租房 zū//fáng

165

3 副詞“有点儿”

形容詞（句）や心理状態を表す動詞の前に用いて，その属性や気持ちなどがいささか存在することを表す。「ちょっと〜だ」。“有点儿”を用いる文は，話者の不満あるいは不如意な気持ちを表すことが多い。

这 个 句子 怎么样？—— 有点儿 不 通顺。
Zhè ge jùzi zěnmeyàng? Yǒudiǎnr bù tōngshùn.

我 有点儿 害怕 坐 过山车。
Wǒ yǒudiǎnr hàipà zuò guòshānchē.

166

4 動量詞

動作の回数を表す量詞を「動量詞」という。「数詞＋動量詞」は動詞のあとに置かれる。動詞が目的語をとる場合は，原則として「動詞＋数詞＋動量詞＋目的語」の語順となる。目的語が主題化される場合もある。

我 很 想 去 爬 一 次 富士山。
Wǒ hěn xiǎng qù pá yí cì Fùshìshān.

下了 班 你 去 一 趟 超市。
Xiàle bān nǐ qù yí tàng chāoshì.

这 部 电影 我 看过 三 遍。
Zhè bù diànyǐng wǒ kànguo sān biàn.

167

5 禁止の表現

「“别”＋動詞句」，「“不要”＋動詞句」のかたちで禁止を表す。「〜するな」，「〜してはいけない」。

打针 的 时候 别 动。
Dǎzhēn de shíhou bié dòng.

走路 的 时候 别 玩儿 手机。
Zǒulù de shíhou bié wánr shǒujī.

在 电影院里 看 电影 时，不要 大声 说话。
Zài diànyǐngyuànli kàn diànyǐng shí, búyào dàshēng shuōhuà.

句子 jùzi
通顺 tōngshùn
害怕 hàipà
过山车 guòshānchē
爬 pá
富士山 Fùshìshān
下班 xià//bān
超市 chāoshì
时候 shíhou
动 dòng
走路 zǒu//lù
电影院 diànyǐngyuàn
时 shí
不要 búyào
大声 dàshēng
说话 shuō//huà

168

6 前置詞“给”

与えられた品物などを受け取る相手（受給者）や，利益・恩恵を受ける相手（受益者），または奉仕の対象を示す。「～に；～のために（…してやる；してあげる；してくれる)」。

我 给 他 写 一 封 信。
Wǒ gěi tā xiě yì fēng xìn.

我 给 大家 唱 一 首 歌。
Wǒ gěi dàjiā chàng yì shǒu gē.

医生 给 大家 检查 身体。
Yīshēng gěi dàjiā jiǎnchá shēntǐ.

◆ ドリル 7 ◆

1 ピンインを漢字（簡体字）に書き換え，さらに日本語に訳しなさい。

① Nǐ qùguo Rìběn ba?

② Wǒ gěi nǐ mǎi yì běn shū.

③ Jīntiān tā liǎnsè bú tài hǎo.

④ Wǒ xiǎng qù yí tàng yīyuàn.

■新出語句■

封 fēng	医生 yīshēng
信 xìn	大家 dàjiā
首 shǒu	检查 jiǎnchá
歌 gē	身体 shēntǐ

2 単語を並べ替えて正しい文をつくり，日本語に訳しなさい。

① [一 / 我 / 信 / 给 / 了 / 封 / 写 / 他]。

② [菜 / 有点儿 / 这个 / 辣]。

③ [今天 / 用 / 我 / 一下 / 要 / 电脑 / 下午]。

④ [东西 / 上课 / 别 / 的 / 时候 / 吃]。

3 中国語に訳し，漢字（簡体字）で書きなさい。

① 中国語は発音が少し難しい。※发音 fāyīn

② 今晩私があなたに電話しましょう。

③ 安物をむやみやたらに買わないで。※便宜货 piányihuò

④ あなたは申年（サル年）生まれですよね？

第 8 课　去 校医院 还是 三 甲 医院？
Dì bā kè　Qù xiàoyīyuàn háishi sān jiǎ yīyuàn?

169 杨：你 想 去 校医院 还是 三 甲 医院？
Nǐ xiǎng qù xiàoyīyuàn háishi sān jiǎ yīyuàn?

小林：有 什么 差别？
Yǒu shénme chābié?

杨：校医院 比 三 甲 医院 近 一点儿，
Xiàoyīyuàn bǐ sān jiǎ yīyuàn jìn yìdiǎnr,

但是 水平 没有 三 甲 医院 高。
dànshì shuǐpíng méiyou sān jiǎ yīyuàn gāo.

小林：感冒 不 是 大病，去 校医院 看 吧。
Gǎnmào bú shì dàbìng, qù xiàoyīyuàn kàn ba.

（病院の受付にて）

小林：校医院里 也 有 这么 多 窗口 啊！挂号、交费、药房……
Xiàoyīyuànli yě yǒu zhème duō chuāngkǒu a! Guàhào、jiāofèi、yàofáng ……

杨：咱们 得 先 挂号 再 去 看 病，看完 病，
Zánmen děi xiān guàhào zài qù kàn bìng, kànwán bìng,

先 交费 再 去 药房 拿 药。
xiān jiāofèi zài qù yàofáng ná yào.

小林：又 给 你 添 麻烦 了。对 了，付 钱 能 用 信用卡 吗？
Yòu gěi nǐ tiān máfan le. Duì le, fù qián néng yòng xìnyòngkǎ ma?

170 **■新出語句■**

校医院 xiàoyīyuàn	一点儿 yìdiǎnr	这么 zhème ⇨ 3	添 tiān
还是 háishi ⇨ 1	但是 dànshì	挂号 guà//hào	麻烦 máfan
三甲 sān jiǎ ⇨ コラム	水平 shuǐpíng	交费 jiāofèi	付 fù
差别 chābié	没有 méiyou ⇨ 2	药房 yàofáng	能 néng ⇨ 6
比 bǐ ⇨ 2	高 gāo	得 děi ⇨ 4	信用卡 xìnyòngkǎ
近 jìn	大病 dàbìng	又 yòu ⇨ 5	

杨：　没 问题，能 刷卡。
Méi wèntí, néng shuākǎ.

文法ポイント

171 1 選択疑問文

「(“是”)＋X＋“还是”＋Y」のかたちで複数の述語形式や節を提示し，選択的に事柄を尋ねる疑問文。「Xか，それともYか」。

去 东京 站 (是) 坐 地铁 快 还是 坐 出租车 快？
Qù Dōngjīng Zhàn (shì) zuò dìtiě kuài háishi zuò chūzūchē kuài?

这 是 买 的 还是 租 的？
Zhè shì mǎi de háishi zū de?

172 2 比較構文

1）前置詞“比”を用いて，「X＋“比”＋Y＋形容詞（句）」のかたちで比較文を構成する。「XはYより（も）〜だ」。形容詞のあとに「数量表現」や“多了／（一）点儿／（一）些”などの語を加えて，比較した結果の数値的な差や程度を表すこともできる。

小李 比 小王 高 三 公分。
Xiǎo-Lǐ bǐ Xiǎo-Wáng gāo sān gōngfēn.

今年 选手 的 水平 比 去年 高多了。
Jīnnián xuǎnshǒu de shuǐpíng bǐ qùnián gāoduōle.

旺季 比 淡季 机票 贵 一些。
Wàngjì bǐ dànjì jīpiào guì yìxiē.

2）“没有”を用いて，「X＋“没有”＋Y＋(这么／那么)＋形容詞」のかたちで劣等比較文（XがYの程度に及ばないこと，劣ることを表す比較文）を構成する。「XはYほど（そんなに）〜ではない」。

汉语 语法 没有 阿拉伯语 那么 难。
Hànyǔ yǔfǎ méiyou Ālābóyǔ nàme nán.

刷卡 shuā//kǎ
站 zhàn
地铁 dìtiě
出租车 chūzūchē
租 zū
公分 gōngfēn
选手 xuǎnshǒu
〜多了 ~duōle
旺季 wàngjì
淡季 dànjì
机票 jīpiào
一些 yìxiē
语法 yǔfǎ
阿拉伯语 Ālābóyǔ

173 **3 指示詞“这么・那么”**

形容詞の前に用い，程度を強調しつつ性質や様態を指し示す。「こんなに，そんなに，あんなに」。

你 为什么 总是 这么 客气？
Nǐ wèi shénme zǒngshì zhème kèqi?

成都 有 那么 多 好吃 的 呀！
Chéngdū yǒu nàme duō hǎochī de ya!

174 **4 助動詞“得”**

動詞の前に用い，話し手または聞き手をとり巻くその場の状況から判断して「～しなければならない，～する必要がある」という意味を表す。話し言葉に用いられ，否定は“不用 búyòng”を用いる。

骑 自行车 得 遵守 交通 规则。
Qí zìxíngchē děi zūnshǒu jiāotōng guīzé.

上 飞机 前 得 先 过 安检。
Shàng fēijī qián děi xiān guò ānjiǎn.

175 **5 副詞“又”**

同類の動作や出来事が重ねて発生したことを意味する。「また；またしても」。2回目の行為も発話時以前に発生済み。その行為が繰り返し発生したことに対して，話者の嫌悪感を表す場合もある。

我 昨天 又 在 新宿 迷路 了。
Wǒ zuótiān yòu zài Xīnsù mílù le.

今天 又 不 小心 坐过 站 了。
Jīntiān yòu bù xiǎoxīn zuòguò zhàn le.

176 **6 助動詞“能”**

動詞の前に用い，「(潜在的な能力や，客観的な条件が備わっていて）～できる)」という意味を表す。

■新出語句■

为什么 wèi shénme	那么 nàme	交通 jiāotōng	安检 ānjiǎn
总是 zǒngshì	好吃 hǎochī	规则 guīzé	迷路 mí//lù
客气 kèqi	骑 qí	上 shàng	小心 xiǎoxīn
成都 Chéngdū	遵守 zūnshǒu	前 qián	过 guò

他 一 口 气 能 做 五十 个 俯卧撑。
Tā yì kǒu qì néng zuò wǔshí ge fǔwòchēng.

会 骑 自行车 的 人 都 能 参加 这 个 比赛。
Huì qí zìxíngchē de rén dōu néng cānjiā zhè ge bǐsài.

我 喝醉 了，不 能 再 喝 了。
Wǒ hēzuì le, bù néng zài hē le.

177

“有点儿”と“一点儿” *Column 6*

“有点儿”と“一点儿”は，ともに「少し，ちょっと」と日本語に訳されますが，意味や用法に違いがあります。

形容詞とともに用いる場合，“有点儿”は形容詞の前に用いますが（“有点儿＋形容詞”），“一点儿”は形容詞のあとに用います（“形容詞＋一点儿”）。このとき，“一点儿”は程度や数量のわずかな増加や減少を表します。

今天比昨天冷一点儿。（今日は昨日より少し寒い）
Jīntiān bǐ zuótiān lěng yìdiǎnr.

我喜欢安静一点儿的地方。（私は［もう］ちょっと静かなところが好きだ）
Wǒ xǐhuan ānjìng yìdiǎnr de dìfang.

明天我早一点儿出门。（明日は少し早めに出かける）
Míngtiān wǒ zǎo yìdiǎnr chūmén.

また，“一点儿（＋名詞）”は動詞の目的語にもなります。この場合，“一点儿”は単に「少量」という意味を表します。

昨天晚上我喝了一点儿酒。（昨日の夜，私は少しお酒を飲んだ）
Zuótiān wǎnshang wǒ hēle yìdiǎnr jiǔ.

你买一点儿吧。（あなた少し買えば）
Nǐ mǎi yìdiǎnr ba.

第７課ポイント３で説明があるように，“有点儿”を用いる文は，話者の不満や不如意を表す場合が多いですが，“一点儿”を用いた文にはそのような意味の偏りはありません。

動詞や形容詞のあとで“一点儿”を用いる場合は，しばしば数詞“一”は省略されます。

口 kǒu
气 qì
俯卧撑 fǔwòchēng
醉 zuì
冷 lěng
安静 ānjìng
酒 jiǔ

178

中国語の「等級」表現 Column 7

一　甲，二　甲，三　甲　……
yī　jiǎ　èr　jiǎ　sān　jiǎ

一　级，二　级　……
yī　jí　èr　jí

一　线　（城市），二　线　……
yī　xiàn　(chéngshì)　èr　xiàn

◆ ドリル8 ◆

1 （　）の中の語句からより適当なものを選んで，全文を日本語に訳しなさい。

① （ 再／又 ）给你添麻烦了。

------

② 我感冒了，不（ 会／能 ）喝酒。

------

③ 在日本，学汉语的人（ 没有／不 ）学英语的那么多。

------

④ 今年选手的水平比去年高（ 有点儿／一点儿 ）。

------

2 中国語に訳し，漢字（簡体字）で書きなさい。

① 弟は兄より背が2センチ高い。

② 大阪には美味しいものがこんなにいっぱいあるんだ！

③ 今日もまたうっかりして（駅を）乗り過ごしてしまった。

④ あなたは病院に行って診てもらわなければなりません。

3 ピンインを漢字（簡体字）に書き換え，かつその文に答えなさい。

① Kànwán bìng, xiān ná yào háishi xiān jiāofèi?

② Jīpiào wàngjì guì háishi dànjì guì?

③ Nǐ yì kǒu qì néng zuò duōshao ge fǔwòchēng?

④ Zài xuéxiào shítáng néng shuā xìnyòngkǎ fù qián ma?

第9课　我给他寄过去。
Dì jiǔ kè　Wǒ gěi tā jìguoqu.

179
（方自遠さんと楊陽さんが，キャンパスで重そうな箱を運んでいる小林さんを見かけました）

方：　小林，这 个 箱子里 装 的 是 什么 呀？
Xiǎolín, zhè ge xiāngzili zhuāng de shì shénme ya?

小林：是 书，朋友 让 我 买 的，
Shì shū, péngyou ràng wǒ mǎi de,

我 去 邮局 给 他 寄过去。
wǒ qù yóujú gěi tā jìguoqu.

杨：　寄 快递 不 好 吗？
Jì kuàidì bù hǎo ma?

你 打 电话 让 他们 来 取 多 好 哇。
Nǐ dǎ diànhuà ràng tāmen lái qǔ duō hǎo wa.

小林：寄 快递 的 话 六百 多 块，
Jì kuàidì de huà liùbǎi duō kuài,

去 邮局 的 话 只 需要 二百 多 块。
qù yóujú de huà zhǐ xūyào èrbǎi duō kuài.

方：　喔。今天 星期 天，邮局 上班 吗？
Ò. Jīntiān xīngqī tiān, yóujú shàngbān ma?

小林：校外 的 那 家 大邮局 上班，我 在 网上 查过 了。
Xiàowài de nà jiā dàyóujú shàngbān, wǒ zài wǎngshang cháguo le.

180
■新出語句■

箱子 xiāngzi
装 zhuāng
让 ràng ⇨ 1
邮局 yóujú
寄 jì
过去 guoqu ⇨ 2
快递 kuàidì
取 qǔ
多 duō ⇨ 3
～的话 ~de huà ⇨ 4
只 zhǐ
需要 xūyào
喔 ò
上班 shàng//bān
校外 xiàowài
查 chá

杨：　寄 包裹 要 带 身份 证件，你 带 了 吗？
Jì bāoguǒ yào dài shēnfèn zhèngjiàn, nǐ dài le ma?

小林：哎呀，我 忘 了，我 回去 拿。
Āiyā, wǒ wàng le, wǒ huíqu ná.

杨：　箱子 放在 这儿 吧。我们 等 你，你 不用 着急。
Xiāngzi fàngzài zhèr ba. Wǒmen děng nǐ, nǐ búyòng zháojí.

文法ポイント

181 **1 使役構文**

連動文（第３課ポイント 5 ）における前の動詞句（動詞（句）$_1$）の位置に，“叫・让・使”のいずれかを用い，「X＋“叫・让・使”＋Y＋動詞句／形容詞句」のかたちをとる。「XがYに（を）～させようとする；～させる」。“叫・让・使”には，それぞれ個別の意味特徴や違いが存在する。ただし，“让”は強制使役と誘発使役の文に用いることもできる。

主語	述語			
	“叫・让・使” ＋	目的語 ＋ [動作主	動詞（句）／形容詞（句） 使役内容]	
警察 Jǐngchá	叫 jiào	司机 sījī	停 车。 tíng chē.	(強制使役)
你 Nǐ	让 ràng	他 tā	随便 说。 suíbiàn shuō.	(許容使役)
他 的 话 Tā de huà	使 shǐ	我 wǒ	很 高兴。 hěn gāoxìng.	(誘発使役)

老师 叫 你 去 办公室 找 他。
Lǎoshī jiào nǐ qù bàngōngshì zhǎo tā.

爸爸 不 让 我 去 美国 留学。
Bàba bú ràng wǒ qù Měiguó liúxué.

虚心 使 人 进步，骄傲 使 人 落后。
Xūxīn shǐ rén jìnbù, jiāo'ào shǐ rén luòhòu.

包裹 bāoguǒ
要 yào ⇨ 6
带 dài
身份 shēnfèn
证件 zhèngjiàn
忘 wàng
不用 búyòng ⇨ 6
着急 zháojí
警察 jǐngchá
叫 jiào
司机 sījī
停 tíng
随便 suíbiàn
使 shǐ
高兴 gāoxìng
办公室 bàngōngshì
美国 Měiguó
留学 liú//xué
虚心 xūxīn
进步 jìnbù
骄傲 jiāo'ào
落后 luòhòu

182

2 複合方向補語

方向動詞（第6課ポイント3）のあとに“来・去”が組み合わされたものを「複合方向動詞」といい，単独で文の述語になることができる。「複合方向動詞」が，“买回来・走进去”のように，さらに別の動詞と組み合わされた場合は「（複合）方向補語」となる。「（複合）方向補語」は動詞のあとに直接続く場合は軽声で発音される。目的語が「場所（移動先）」を表す場合，それは“进、出、上、下、回、过”と“来・去”の間に置く。

	进 jìn（入る）	出 chū（出る）	上 shàng（上る）	下 xià（下る）	回 huí（返る）	过 guò（越える）	起 qǐ（上がる）
来 lai	进来	出来	上来	下来	回来	过来	起来
去 qu	进去	出去	上去	下去	回去	过去	——

咱们　先　进去　吧。
Zánmen xiān jìnqu ba.

文件　现在　能　发过来　吗？
Wénjiàn xiànzài néng fāguolai ma?

燕子　飞回　南方　去　了。
Yànzi fēihuí nánfāng qù le.

我　给　孩子　买回来了　一些　玩具。
Wǒ gěi háizi mǎihuilaile yìxiē wánjù.

183

3 “多”を用いた感嘆文

形容詞の前に“多”を用い，「どんなに～（であることか）；なんと～（だろう）」という意味の感嘆表現をつくる。“多”の代わりに“多么 duōme”を用いる場合もある。また，しばしば文末助詞の“啊”（およびそのバリエーションに当たる語）がいっしょに用いられる。

那　些　孩子　多　可怜　哪！
Nà xiē háizi duō kělián na!

用　手机　支付　多　方便　哪！
Yòng shǒujī zhīfù duō fāngbiàn na!

■新出語句■

文件 wénjiàn　南方 nánfāng　多么 duōme　哪 na
燕子 yànzi　孩子 háizi　些 xiē　支付 zhīfù
飞 fēi　玩具 wánjù　可怜 kělián　方便 fāngbiàn

184 [4] 仮定表現

「もし；もしも～（なら）」の意味で仮定を表すには，複文の従属節（前節）の先頭，もしくは主語のあとに接続詞“如果”や“要是”を用いる。従属節の末尾に“的话”を用い，“(如果)～的话”や“(要是) ～的话”のかたちで用いられることもある。

如果 下 个 星期 天 天气 好 的 话，我们 去 看 红叶 吧。
Rúguǒ xià ge xīngqī tiān tiānqì hǎo de huà, wǒmen qù kàn hóngyè ba.

要是 你 有 兴趣，咱们 一起 去。
Yàoshi nǐ yǒu xìngqù, zánmen yìqǐ qù.

有 问题 的 话 随时 问 我。
Yǒu wèntí de huà suíshí wèn wǒ.

185 [5] 名詞述語文

述語が名詞（句）のみによって構成されるタイプの文を「名詞述語文」という。出身地，年齢などの数量表現や日付曜日など順序を表す数表現の名詞（句）は，肯定文ではそれ自身が述語になり，名詞述語文を構成することができる。

我 爸爸 广东人。
Wǒ bàba Guǎngdōngrén.

我 妈妈 四十 多 岁。
Wǒ māma sìshí duō suì.

今天 星期 五。
Jīntiān xīngqī wǔ.

今天 愚人 节。
Jīntiān Yúrén Jié.

¶ 否定文では名詞述語文は成立しない。必ず動詞“是”を用いる。

× 我 妹妹 不 七 岁。 → 我 妹妹 不 是 七 岁。
Wǒ mèimei bú shì qī suì.

如果 rúguǒ
红叶 hóngyè
要是 yàoshi
兴趣 xìngqù
随时 suíshí
问 wèn
愚人节 Yúrén Jié

186

6 助動詞“要”(2)

動詞の前に用い,「(当為として)～しなければならない;すべき」という意味を表す。否定には“不用”(～しなくてよい)を用いる。

小学生　上　下　学　要　戴　小黄帽。
Xiǎoxuéshēng shàng xià xué yào dài xiǎohuángmào.

过　马路　前　要　确认　有　没有　来往　的　车辆。
Guò mǎlù qián yào quèrèn yǒu méiyou láiwǎng de chēliàng.

这　次　的　失败　你　不用　太　责备　自己。
Zhè cì de shībài nǐ búyòng tài zébèi zìjǐ.

■新出語句■

小学生 xiǎoxuéshēng	戴 dài	确认 quèrèn	失败 shībài
上学 shàng//xué	小黄帽 xiǎohuángmào	来往 láiwǎng	责备 zébèi
下学 xià//xué	马路 mǎlù	车辆 chēliàng	

187 「“在”＋場所＋動詞句」と「動詞＋“在”＋場所」 *Column 8*

本課の会話の中で，“我在网上查过了。”と“箱子放在这儿吧。”という文が出てきますが，“在＋場所”と述語動詞の語順が違います。“在网上”は“查过”の前にあり，“在这儿”は“放”の直後に付いています。動詞の直後に用いられる“在”は，動作の主体や対象が，動作の結果として位置する場所を導きます。

“在＋場所”が述語動詞の前にある構文の“主語＋在＋場所＋動詞（句）”は「ある場所においてある活動（行為）を行なう」という意味を表しますので，非常に生産的であり（つまり，「どこかで何かをする」ということは無限の組み合わせがあるので），述語動詞もさまざまです。一方，述語動詞の直後に“在”を用いた構文の“主語＋動詞＋在＋場所”は，まず，ある行為（非意図的な事態も含む）が起こって，その結果として動作主や対象がある場所に（固定的に）位置しているという意味を表すので，述語動詞にも限りがあります。上で出た“放”以外に，代表的なものとして，“住 zhù（住む）・写 xiě（書く）・掉 diào（落ちる）・忘 wàng（［モノを置き］忘れる）といった「（着点としての）場所が不可欠」な動詞や，“坐 zuò（座る）・站 zhàn（立つ）・躺 tǎng（寝転ぶ）”といった「姿勢」を表す動詞などが挙げられます。

我住在吉祥寺。（わたしは吉祥寺に住んでいる）
Wǒ zhùzài Jíxiángsì.

钥匙忘在家里了。（鍵は家に忘れてきた）
Yàoshi wàngzài jiāli le.

蛋糕掉在地上，不能吃了。（ケーキは地面に落ちたので，もう食べられない）
Dàngāo diàozài dìshang, bù néng chī le.

我喝茶的时候，茶叶不放在茶壶里，放在杯子里。
Wǒ hē chá de shíhou, cháyè bú fàngzài cháhúli, fàngzài bēizili.
（わたしはお茶を飲むときに，お茶の葉をポットには入れないで，湯呑みに入れます）

188 “V 过”のもうひとつの意味 *Column 9*

本課の会話文（課文）の最後のセリフ“我在网上查过了。”における“过”は，「経験済み」（第５課ポイント 5 ）とは異なり，「～を済ませる」という意味を表します。この意味を表す場合，しばしば文末助詞の“了”（第６課ポイント 1 ）とともに用いられます。

你吃过饭了吗？（もう食事は済ませましたか）
Nǐ chīguo fàn le ma?

住 zhù
掉 diào
坐 zuò
站 zhàn
躺 tǎng
吉祥寺 Jíxiángsì
地上 dìshang
茶叶 cháyè

◆ ドリル9 ◆

1 ピンインに書き換え，さらに日本語に訳しなさい。

① 我妈妈叫我去超市买面包。

② 我每天要吃四次药。

③ 你的自行车放在哪儿了？

④ 如果你喜欢吃辣的菜，我给你做川菜吧。

2 単語を並べ替えて正しい文をつくり，日本語に訳しなさい。

①［书／寄／了／我哥哥／过来／很多／给我］。

②［我／他／让／付钱／不］。

③［装／里／的／是／书包／什么／这个］？

④［上／忘／桌子／了／在／钥匙］。

3 **中国語に訳し，漢字（簡体字）で書きなさい。**

① 中国へ旅行に行くのは，どんなにいいだろうか！

② 私は今年 20 歳で，弟は 18 歳です。

③ 携帯と雨傘は持ちましたか？

④ 今日は日曜日だから，出勤しなくていい。

第10课 太早了，我起不来。
Dì shí kè Tài zǎo le, wǒ qǐbulái.

189 杨：小林，你 也 选了“中国 文化”这 门 课 吧？
Xiǎolín, nǐ yě xuǎnle “Zhōngguó wénhuà” zhè mén kè ba?

有 意思 吗？
Yǒu yìsi ma?

小林：挺 有 意思 的，不过 有点儿 难。
Tǐng yǒu yìsi de, búguò yǒudiǎnr nán.

有的 词 听不懂，不 知道 是 什么 意思。
Yǒude cí tīngbudǒng, bù zhīdào shì shénme yìsi.

杨：方 自远，你 不 是 中文 专业 的 吗？
Fāng Zìyuǎn, nǐ bú shì Zhōngwén zhuānyè de ma?

你 怎么 没 选 这 门 课？
Nǐ zěnme méi xuǎn zhè mén kè?

方：这 门 课 排在 第 一 节。太 早 了，我 起不来。
Zhè mén kè páizài dì yī jié. Tài zǎo le, wǒ qǐbulái.

杨：听说 这 门 课 考试 很 难。
Tīngshuō zhè mén kè kǎoshì hěn nán.

小林：是 吗？有 多 难？
Shì ma? Yǒu duō nán?

190 ■新出語句■

选 xuǎn	不过 búguò	中文 Zhōngwén	起 qǐ
文化 wénhuà	有的 yǒude	怎么 zěnme ⇨ 4	听说 tīng//shuō ⇨ 5
门 mén	词 cí	排 pái	是吗 shì ma
有意思 yǒu yìsi	听不懂 tīngbudǒng ⇨ 3	节 jié	多 duō ⇨ 6
挺 tǐng ⇨ 2	意思 yìsi	早 zǎo	

杨：　能 拿到 优 的 人 不 多，而且 不 及格 的 人 也 不 少。
Néng nádào yōu de rén bù duō, érqiě bù jígé de rén yě bù shǎo.

小林：啊？ 要是 拿不到 学分 怎么 办？
Á? Yàoshi nábudào xuéfēn zěnme bàn?

方：　小林，你 不用 这么 谦虚。
Xiǎolín, nǐ búyòng zhème qiānxū.

文法ポイント

191

1 指示詞と量詞を用いた同格表現

“名詞X＋这／那＋(“一” 以外の数詞)＋量詞＋名詞Y” のかたちで「XというY」という同格表現を表すフレーズをつくる。名詞Yは名詞Xが属する類名に該当するものが用いられる。

汉语 这 种 语言 有 很 多 有趣 的 现象。
Hànyǔ zhè zhǒng yǔyán yǒu hěn duō yǒuqù de xiànxiàng.

西安 这 座 城市 历史 悠久。
Xī'ān zhè zuò chéngshì lìshǐ yōujiǔ.

192

2 副詞 “挺”

話し言葉に多く用い，形容詞を修飾して話者が主観的に程度が高いと認めていることを表す。「とても～だ；結構～だ」。しばしば形容詞のあとに “的” を付けて，「“挺”＋形容詞＋“的”」のかたちで用いる。

听了 他 的 话，我 心里 挺 开心 的。
Tīngle tā de huà, wǒ xīnli tǐng kāixīn de.

这 个 笔记本 电脑 挺 贵 的。
Zhè ge bǐjìběn diànnǎo tǐng guì de.

拿 ná
到 dào
优 yōu
而且 érqiě
及格 jígé
少 shǎo
啊 á
学分 xuéfēn
办 bàn
谦虚 qiānxū
语言 yǔyán
有趣 yǒuqù
现象 xiànxiàng
座 zuò
城市 chéngshì
历史 lìshǐ
悠久 yōujiǔ
心里 xīnli
开心 kāixīn

193 ### 3 可能補語

「動詞＋“得 de”＋結果補語／方向補語」または「動詞＋“不 bu”＋結果補語／方向補語」のように，動詞と結果補語または方向補語の間に“得 de”または“不 bu”を挿入したかたちをとる。「動作の結果として，補語の意味する変化・状態が実現し得る／し得ない」という可能性の判断や見通しを表す。

[肯定形]

動詞 ＋“得”＋ 自動詞／形容詞

找　得　到
zhǎo　de　dào

（さがす ＋ 得 ＋ 到
→さがしあてることができる
（みつけられる））

[否定形]

動詞 ＋“不”＋ 自動詞／形容詞

找　不　到
zhǎo　bu　dào

（さがす ＋ 不 ＋ 到
→さがしあてられない
（みつけられない））

看不懂　的　地方　要　及时　问　老师。
Kànbudǒng　de　dìfang　yào　jíshí　wèn　lǎoshī.

菜量　太　大　了，我们　吃不完。
Càiliàng　tài　dà　le,　wǒmen　chībuwán.

明天　下午　一　点　之前　计划书　你　写得完　写不完？
Míngtiān　xiàwǔ　yī　diǎn　zhīqián　jìhuàshū　nǐ　xiědewán　xiěbuwán?

194 ### 4 疑問詞“怎么”（2）

「“怎么”＋動詞または形容詞」の形で「原因」を問う。「どうして；なんで」。“怎么”を主語の前で用いることもできる。

你　来　东京　怎么　没　跟　我　联系？（“跟”⇨第 11 課ポイント 4 “跟”）
Nǐ　lái　Dōngjīng　zěnme　méi　gēn　wǒ　liánxi?

你们　怎么　都　不　发言　呢？
Nǐmen　zěnme　dōu　bù　fāyán　ne?

■新出語句■

及时 jíshí
菜量 càiliàng
大 dà
之前 zhīqián
计划书 jìhuàshū
跟 gēn
联系 liánxi
发言 fā//yán

¶ 「原因・理由」を問う疑問詞には“为什么 wèi shénme”（なぜ）もあるが，“怎么”を用いると，話者が不満を持ちつつ訝しいと思う気持ちを表すことが多い。

这 套 西服 怎么 这么 贵？
Zhè tào xīfú zěnme zhème guì?

195
5 伝聞の表現

“听（…）说 ～”のあとに伝聞した内容を続け，「～のことを伝え聞いている；(…の話によると）～だそうだ；～とのことだ」。“听”と“说”の間に情報源の名詞句を入れることができる。

听说 养 宠物 能 减压。
Tīngshuō yǎng chǒngwù néng jiǎnyā.

听 小李 说 小刘 中 彩票 了。
Tīng Xiǎo-Lǐ shuō Xiǎo-Liú zhòng cǎipiào le.

196
6 疑問詞“多”

“大・高・长・远 yuǎn・重 zhòng・深 shēn”などの度量衡を表す形容詞の前に用い，面積，高さ，長さ，距離，重量，深さなどを尋ねる。「どのくらい～？」。“多＋形容詞”と“有＋多＋形容詞”の２つの言い方がある。“有”を用いると数量の大きな回答を予測していることが含意されることがある。

你 今年 多 大？
Nǐ jīnnián duō dà?

一 块 奥林匹克 金牌 多 重？
Yí kuài Àolínpǐkè jīnpái duō zhòng?

东京晴空塔 （有） 多 高？
Dōngjīng Qíngkōngtǎ (yǒu) duō gāo?

长城 （有） 多 长？
Chángchéng (yǒu) duō cháng?

套 tào
西服 xīfú
养 yǎng
宠物 chǒngwù
减压 jiǎn//yā
刘 Liú
中 zhòng
彩票 cǎipiào
远 yuǎn
重 zhòng
深 shēn
奥林匹克 Àolínpǐkè
金牌 jīnpái
东京晴空塔 Dōngjīng Qíngkōngtǎ
长城 Chángchéng

2種類の可能表現 *Column 10*

動詞が結果補語をとる場合の可能表現は，たとえば“看见”（見て見える→見える）を例にとると，助動詞の“能”を用いるタイプと，“可能補語”を用いるタイプの２種類の表現が存在します。

[“能”を用いるタイプ]	[可能補語を用いるタイプ]
能看见 néng kànjiàn ／ ×不能看见 bù néng kànjiàn	看得见 kàndejiàn ／ 看不见 kànbujiàn

一般に，肯定形では“能”を用いる“能看见”型の使用が優勢であり，可能補語の“看得见”型は，主として疑問文あるいは反語文に用いられる傾向があります。“能看见”型は動作主の能力や条件などが整っていてその行為が実現できることを表すのに対して，“看得见”型は，ある状況においてその行為が妨げられることなく実現する可能性があるという判断を表します。

逆に，否定形においては使用頻度が逆転し，通常は可能補語の“看不见”型が用いられます。多くの場合“不能”は用いることができません。能願動詞の否定形“不能”は「できない」という不可能の意味も表すのですが，往々にして「～してはいけない」という「禁止」の意味に傾くので，「ある行為を行なっても，結果補語の表す状態にはならない（起こり得ない）」という意味の「不可能」を表すには，“看不见”型が活躍するのです。

◆ドリル 10◆

1 正しい文になるように（　）の語句をＡ～Ｄの中の最も適切な位置に入れ，文を日本語に訳しなさい。

① Ａ富士山Ｂ多Ｃ高Ｄ？（有）

② Ａ《西游记》Ｂ小说Ｃ非常Ｄ有意思。（这部）

③ Ａ这位Ｂ美国人Ｃ挺谦虚Ｄ。（的）

④ Ａ听她Ｂ这种病Ｃ治不好Ｄ。（说）

2 中国語に訳し，漢字（簡体字）で書きなさい。

① あなたはどうして「経済学」という科目を選ばなかったのですか？（不満気に言う）

② 小林さんによると，このノートパソコンはかなり安いそうです。

③ あなたは身長はどれくらいですか？

④ あのレストランはボリュームがあまりにも少なくて，食べても満腹になりません。

3 ピンインを漢字（簡体字）に書き換え，かつその文に答えなさい。

① Nǐ jīnnián duō dà?

② Zǎoshang wǔ diǎn nǐ qǐdelái qǐbulái?

③ Jīngdū zhè zuò chéngshì lìshǐ yǒu duō yōujiǔ?

④ Shàng kè de shíhou yǒu tīngbudǒng de dìfang zěnme bàn?

第11课　外面 下 雨 了，下得 很 大。
Dì shíyī kè　Wàimiàn xià yǔ le, xiàde hěn dà.

201

小林：外面 下 雨 了，你 带 伞 了 吗？
Wàimiàn xià yǔ le, nǐ dài sǎn le ma?

杨：　坏 了！我 把 伞 忘在 宿舍里 了。现在 雨 下得 大 吗？
Huài le! Wǒ bǎ sǎn wàngzài sùshèli le. Xiànzài yǔ xiàde dà ma?

小林：下得 很 大。怎么 办？我 也 没 带。
Xiàde hěn dà. Zěnme bàn? Wǒ yě méi dài.

杨：　那 咱们 在 这儿 等 一会儿 吧。
Nà zánmen zài zhèr děng yíhuìr ba.

小林：好。对 了，杨 阳，你 跟 方 自远 是 怎么 认识 的？
Hǎo. Duì le, Yáng Yáng, nǐ gēn Fāng Zìyuǎn shì zěnme rènshi de?

杨：　我 跟 他 是 高中 同学。
Wǒ gēn tā shì gāozhōng tóngxué.

小林：怪不得 你们 关系 这么 好。
Guàibude nǐmen guānxi zhème hǎo.

杨：　我们 关系 好 吗？见面 就 吵架。
Wǒmen guānxi hǎo ma? Jiànmiàn jiù chǎojià.

小林：这 才 说明 你们 感情 好 哇。没 把 对方 当 外人。
Zhè cái shuōmíng nǐmen gǎnqíng hǎo wa. Méi bǎ duìfāng dàng wàirén.

202

■新出語句■

外面 wàimiàn
下 xià
雨 yǔ
伞 sǎn
坏了 huài le
把 bǎ ⇨ 2
得 de ⇨ 3
跟 gēn ⇨ 4
认识 rènshi
高中 gāozhōng
同学 tóngxué
怪不得 guàibude
关系 guānxi
见面 jiàn//miàn
就 jiù ⇨ 5
吵架 chǎo//jià
才 cái ⇨ 6
说明 shuōmíng
感情 gǎnqíng
对方 duìfāng
当 dàng
外人 wàirén

文法ポイント

203
1 存現文

場所表現や時間表現を主語とし，事物や事象の存在・出現・消失を述べたてる文を「存現文」という。日本語では「雨が降った」の「雨」のように主語に立つ名詞が目的語の位置に置かれる。

学校 附近 有 很 多 快餐店。
Xuéxiào fùjìn yǒu hěn duō kuàicāndiàn.

外面 又 下 雨 了，我们 别 出去 了。
Wàimiàn yòu xià yǔ le, wǒmen bié chūqu le.

黄金周 期间 店里 来了 很 多 中国 客人。
Huángjīnzhōu qījiān diànli láile hěn duō Zhōngguó kèren.

他 家 跑了 一 只 猫。
Tā jiā pǎole yì zhī māo.

204
2 “把”構文

“把” を用いて動作の対象（目的語）を動詞の前に置き，「主語＋“把”＋目的語＋動詞句」の語順をとる。特定の対象に積極的な働きかけを行ない，対象に何らかの状態変化を生じさせることを表す。一般に，対象に何らかの状態変化や位置の移動を起こさせることを表すため，述語動詞はしばしば結果補語や場所表現（移動先など）をともなう。否定文は，副詞 “没（有）” などを “把” の前に置く。

我 把 期末 报告 写完 了。
Wǒ bǎ qīmò bàogào xiěwán le.

她 不 小心 把 手机 屏幕 摔碎 了。
Tā bù xiǎoxīn bǎ shǒujī píngmù shuāisuì le.

办 手续 的 时候，把 学生证 带过来。
Bàn shǒuxù de shíhou, bǎ xuéshēngzhèng dàiguolai.

小李 没 把 照相机 弄坏，你 别 责怪 他。
Xiǎo-Lǐ méi bǎ zhàoxiàngjī nònghuài, nǐ bié zéguài tā.

附近 fùjìn
黄金周 Huángjīnzhōu
期间 qījiān
店 diàn
客人 kèren
跑 pǎo
期末 qīmò
报告 bàogào
屏幕 píngmù
摔 shuāi
碎 suì
手续 shǒuxù
学生证 xuéshēngzhèng
弄 nòng
坏 huài
责怪 zéguài

¶　1）一般に，“把”構文の述語動詞は結果補語や場所・移動先を表す表現をともなうので，動詞に“了”が付いただけでは文が成立しないことが多い。また，“把”のあとの名詞は特定の事物なので，数量表現だけをともなった「不特定」の名詞は用いられない。

× 我 把 那 本 小说 看 了。

× 他 把 一 封 信 写完 了。

2）ただし，動詞が「騙す／殺す」など「損害を与える」意味を表す場合，あるいは「脱ぐ／捨てる」など「離脱（して元の場所から離れる）」意味を表す場合は，“了”をともなうだけで“把”構文を構成することができる。

他们 把 你 骗 了。
Tāmen bǎ nǐ piàn le.

房间里 很 暖和，他 把 羽绒服 脱 了。
Fángjiānli hěn nuǎnhuo, tā bǎ yǔróngfú tuō le.

205
3 様態補語

「動詞＋“得”＋形容詞（句）」のかたちで動詞のあとに“得”を用い，そのあとで動作・行為の特徴や程度についての評価を表す成分を「様態補語」という。

主語	（動詞＋）目的語	動詞＋“得”	様態補語（形容詞句）
你 哥哥 Nǐ gēge		跑得 pǎode	很 快。 hěn kuài.
北海道 的 冬天 Běihǎidào de dōngtiān	（下） 雪 (xià) xuě	下得 xiàde	非常 大。 fēicháng dà.
小张 Xiǎo-Zhāng	（说） 日语 (shuō) Rìyǔ	说得 shuōde	比较 流利。 bǐjiào liúlì.

她 今天 来得 很 晚。
Tā jīntiān láide hěn wǎn.

他 女朋友 长得 很 漂亮。
Tā nǚpéngyou zhǎngde hěn piàoliang.

■新出語句■

骗 piàn
房间 fángjiān
羽绒服 yǔróngfú
脱 tuō
北海道 Běihǎidào
冬天 dōngtiān
雪 xuě
日语 Rìyǔ
流利 liúlì
女朋友 nǚpéngyou
长 zhǎng
漂亮 piàoliang

田中　说 汉语 说得 不 太 流利。
Tiánzhōng shuō Hànyǔ shuōde bú tài liúlì.

小王　篮球 打得 特别 好。
Xiǎo-Wáng lánqiú dǎde tèbié hǎo.

206
4 “跟”

1）前置詞：行為を共にする相手，行為の向かう相手，付き随う対象を示す。「～と；～に」。

暑假 我 想 跟 家人 一起 去 旅行。
Shǔjià wǒ xiǎng gēn jiārén yìqǐ qù lǚxíng.

这 件 事 别 跟 任何 人 说。
Zhè jiàn shì bié gēn rènhé rén shuō.

我 的 汉语 是 跟 广播 讲座 学 的。
Wǒ de Hànyǔ shì gēn guǎngbō jiǎngzuò xué de.

2）接続詞：“和”（第2課ポイント5）と同様に，複数の名詞（句）を並列の関係で結びつける。

上海话、福建话 跟 广东话 他 都 会 说。
Shànghǎihuà、Fújiànhuà gēn Guǎngdōnghuà tā dōu huì shuō.

207
5 副詞“就”（1）

前の動詞句の表す行為を行なうと，必ずあとの動詞句の表す事態が発生することを表す。「～すると，（必ず）…する」。“一～就…”のかたちで用いると「ひとたび～すると，…する」という意味を表す。

（⇨第13課ポイント4副詞“就”（2），第15課ポイント2副詞“就”（3））

他 上 课 就 打 瞌睡。
Tā shàng kè jiù dǎ kēshuì.

老王 一 喝 酒 脸 就 红。
Lǎo-Wáng yì hē jiǔ liǎn jiù hóng.

篮球 lánqiú
特别 tèbié
家人 jiārén
旅行 lǚxíng
任何 rènhé
广播 guǎngbō
讲座 jiǎngzuò
上海话 Shànghǎihuà
福建话 Fújiànhuà
打瞌睡 dǎ kēshuì
脸 liǎn
红 hóng

208

6 副詞“才”(1)

“X才（是）～”のかたちで用いて，Xが述語で述べられる条件や判断に強固に合致することを表す。「Xこそ～である」。文末に“呢”を用いることが多い。

（⇨第13課ポイント 3 副詞“才”(2)，第15課ポイント 1 副詞“才”(3)）

这 才 是 正宗 的 麻婆豆腐 呢。
Zhè cái shì zhèngzōng de mápódòufu ne.

这 家 店 的 烤鸭 很 好吃。—— 一般 吧。那 家 店 的 才 好吃 呢。
Zhè jiā diàn de kǎoyā hěn hǎochī. Yìbān ba. Nà jiā diàn de cái hǎochī ne.

你 骗 人 吧。—— 我 没 骗 人，你 才 骗 人 呢。
Nǐ piàn rén ba. Wǒ méi piàn rén, nǐ cái piàn rén ne.

◆ドリル11◆

1 ピンインは簡体字に書き換え，語句を並べ替えて，正しい文をつくりなさい。

① [kèren ／昨天／一／来／他家／位／了]。

....

② [话／把／没／说／他／ wán]。

....

③ [吃／今天／很／饱／晚上／ de]。

....

④ [jiù ／他／脸／看见／小王／一／红]。

....

■新出語句■

麻婆豆腐 mápódòufu　　烤鸭 kǎoyā　　一般 yìbān

2 以下のような場面では中国語でどう言うか，漢字（簡体字）で書きなさい。なお，［　］内の語を必ず使用すること。

① 日本語を上手に話す中国人に日本語を何年間勉強しているのか聞いたところ，10年間という回答が返ってきた。［怪不得，说得］

② 持ってきたはずの傘がない！という友達に，置き忘れた場所を尋ねる。［在，把，忘］

③ 出かけようとする相手に，雨が降っていることを伝える。

④ 相手に感謝されたが，自分の方こそお礼を言わなければならないことを伝える。［要，才］

3 ［　］の単語を用いて中国語に訳し，漢字（簡体字）で書きなさい。

① しまった，今日はスマホを持ってきていない！［带］

② もし時間があれば，あなたと一緒に食事に行きたい。［跟］

③ 彼は毎日授業が終わるとすぐに家に帰る。［完］

④ 郵便局のとなりに果物屋が一軒ある。［有］

第12课 多开几次就敢开了。
Dì shí'èr kè Duō kāi jǐ cì jiù gǎn kāi le.

209 小林：我 有 日本 驾照，在 中国 可以 开 车 吗？
Wǒ yǒu Rìběn jiàzhào, zài Zhōngguó kěyǐ kāi chē ma?

方：可以，不过 得 先 把 日本 驾照 换成 国际 驾照。
Kěyǐ, búguò děi xiān bǎ Rìběn jiàzhào huànchéng guójì jiàzhào.

杨：小林，你 已经 拿到 驾照 啦！真 厉害！
Xiǎolín, nǐ yǐjīng nádào jiàzhào la! Zhēn lìhai!

小林：在 日本 满 十八 岁 就 可以 考 驾照。
Zài Rìběn mǎn shíbā suì jiù kěyǐ kǎo jiàzhào.

我 是 去年 拿 的 驾照。
Wǒ shì qùnián ná de jiàzhào.

方：中国 跟 日本 一样。
Zhōngguó gēn Rìběn yíyàng.

杨：我 今年 二十 岁 了，我 也 想 去 考。好 考 吗？
Wǒ jīnnián èrshí suì le, wǒ yě xiǎng qù kǎo. Hǎo kǎo ma?

方：这 不 好 说。你 可以 试试。
Zhè bù hǎo shuō. Nǐ kěyǐ shìshi.

其实 我 也 有 驾照，但是 不 太 敢 开。
Qíshí wǒ yě yǒu jiàzhào, dànshì bú tài gǎn kāi.

210 **■新出語句■**

驾照 jiàzhào
可以 kěyǐ ⇨ 1
开 kāi
换 huàn
成 chéng
国际 guójì
啦 la
厉害 lìhai
满 mǎn
一样 yíyàng
好 hǎo ⇨ 2
试 shì
其实 qíshí
敢 gǎn ⇨ 4

小林：多 开 几 次，熟练了 就 敢 开 了。
Duō kāi jǐ cì, shúliànle jiù gǎn kāi le.

方：好，我 先 去 找 一 个 陪练 好好儿 练练。
Hǎo, wǒ xiān qù zhǎo yí ge péiliàn hǎohāor liànlian.

文法ポイント

211

1 助動詞“可以”

動詞の前に用い，「(客観的状況として許されているため，あるいは客観的条件が備わっているため) ～できる」，「(許可されて) ～してもよい」という意味を表す。否定は“不可以”を用いることもあるが，「～してはいけない」という禁止を表す場合は，多く“不能”を用いる。

桌子上 的 饮料 可以 随便 喝。
Zhuōzishang de yǐnliào kěyǐ suíbiàn hē.

展厅里 可以 拍照 吗？ —— 不 可以。
Zhǎntīngli kěyǐ pāizhào ma? Bù kěyǐ.

我 的 圆珠笔 没 墨水 了，可以 用 你 的 吗？
Wǒ de yuánzhūbǐ méi mòshuǐ le, kěyǐ yòng nǐ de ma?

校园内 不 能 抽 烟。
Xiàoyuánnèi bù néng chōu yān.

校外 人员 不 能 使用 这儿 的 自习室。
Xiàowài rényuán bù néng shǐyòng zhèr de zìxíshì.

212

2 “好”＋動詞

“好”を動詞（多くは単音節動詞）の直前に用いると，当該の事物や状況がその動作を難なく，スムーズに行なうことのできる性質のものであることを表す。「～しやすい；～しよい」。

这 个 问题 真 不 好 回答。
Zhè ge wèntí zhēn bù hǎo huídá.

多 duō ⇨ 5
几 jǐ ⇨ 6
熟练 shúliàn
陪练 péiliàn
好好儿 hǎohāor
练 liàn
饮料 yǐnliào
展厅 zhǎntīng
拍照 pāi//zhào
墨水 mòshuǐ
校园 xiàoyuán
内 nèi
抽烟 chōu yān
人员 rényuán
使用 shǐyòng
自习室 zìxíshì
回答 huídá

这 个 牌子 的 圆珠笔 很 好 写。
Zhè ge páizi de yuánzhūbǐ hěn hǎo xiě.

我 新 买 的 电子 词典 功能 很 多，很 好 用。
Wǒ xīn mǎi de diànzǐ cídiǎn gōngnéng hěn duō, hěn hǎo yòng.

213
3 動詞の重ね型

同じ動詞を２回続けて繰り返すかたちで動詞句をつくり，行為を実行する意味を表す。「(実際に) ～してみる；(試しに) ～してみる」。２つめの動詞は軽声で発音される。単音節の動詞を重ねるときは，あいだに数詞 “一”（軽声）が割り込むこともある。

你 跟 大家 商量商量 再 决定 吧。
Nǐ gēn dàjiā shāngliangshangliang zài juédìng ba.

这 是 我 自己 做 的 蛋糕，你 尝尝。
Zhè shì wǒ zìjǐ zuò · de dàngāo, nǐ chángchang.

这 本 小说 挺 有 意思 的，你 可以 看看。(cf. 勧めの “可以” ⇨ 本課コラム参照)
Zhè běn xiǎoshuō tǐng yǒu yìsi de, nǐ kěyǐ kànkan.

我 想 一 想 再 给 你 答复。
Wǒ xiǎng yi xiang zài gěi nǐ dáfù.

214
4 助動詞 “敢”

動詞の前に用い，「(勇気や度胸があって) ～できる」という意味を表す。否定文または反語文で用いることが多い。

想 提高 口语 水平 就 要 敢 说，不 要 怕 说错。
Xiǎng tígāo kǒuyǔ shuǐpíng jiù yào gǎn shuō, bú yào pà shuōcuò.

他 胆子 很 小，不 敢 看 恐怖 电影。
Tā dǎnzi hěn xiǎo, bù gǎn kàn kǒngbù diànyǐng.

■新出語句■

牌子 páizi	尝 cháng	口语 kǒuyǔ
电子 diànzǐ	想 xiǎng	错 cuò
功能 gōngnéng	答复 dáfù	胆子 dǎnzi
决定 juédìng	提高 tígāo	恐怖 kǒngbù

215

5 “多”と“少”の副詞的用法

動詞の直前に“多”を用いると「多めに;余分に」の意味を表す。“少”を用いると「少なめに;控えめに」の意味を表す。動詞のあとには，しばしば数量表現をともなう。

这 是 你 最 爱 吃 的 菜，多 吃 点儿。
Zhè shì nǐ zuì ài chī de cài, duō chī diǎnr.

今天 是 我 的 生日，咱们 多 喝 两 杯。
Jīntiān shì wǒ de shēngri, zánmen duō hē liǎng bēi.

我 最近 胖了 六 公斤，要 少 吃 点儿 甜食。
Wǒ zuìjìn pàngle liù gōngjīn, yào shǎo chī diǎnr tiánshí.

216

6 疑問詞の不定用法

中国語の疑問詞は，解答を問う疑問の意味以外に，平叙文で用いて「誰か」「何か」「いつか」「どこか」などの不定の意味を表す用法も持つ。疑問文でも，諾否疑問文（第１課ポイント6）や正反疑問文（第６課ポイント6）で用いられる場合，疑問詞は不定の意味を表す。

你 会 弹奏 什么 乐器 吗？
Nǐ huì tánzòu shénme yuèqì ma?

我 想 什么 时候 和 家人 一起 去 欧洲 玩儿玩儿。
Wǒ xiǎng shénme shíhou hé jiārén yìqǐ qù Ōuzhōu wánrwanr.

那 个 人 我 好像 在 哪儿 见过。
Nà ge rén wǒ hǎoxiàng zài nǎr jiànguo.

爱 ài
最近 zuìjìn
胖 pàng
公斤 gōngjīn
甜食 tiánshí
弹奏 tánzòu
乐器 yuèqì
什么时候 shénme shíhou
欧洲 Ōuzhōu
好像 hǎoxiàng

217 可能を表す助動詞“会”“能”“可以” *Column 11*

いずれも「ある行為ができる」という意味を表しますが，“会”はより基本的な遂行能力を表すのに対し，“能”はある状況下における遂行能力を表す場合があります。

我不会喝酒。（もともとお酒が飲めない＝下戸［げこ］である）
Wǒ bú huì hē jiǔ.

我不会游泳。（もともと泳げない＝カナヅチである）
Wǒ bú huì yóuyǒng.

今天我不能喝酒。（条件・能力的に飲めない＝車で来ている／胃の調子が悪い etc）
Jīntiān wǒ bù néng hē jiǔ.

今天我不能游泳。（条件・能力的に泳げない＝風邪をひいている／水着が無い etc）
Jīntiān wǒ bù néng yóuyǒng

ある行為が一定以上のレベルに達していることを言う場合は，通常“能”を用います。

小李一分钟能打 200 个字。
Xiǎo-Lǐ yì fēn zhōng néng dǎ èrbǎi ge zì.

我能游 1500 米。
Wǒ néng yóu yìqiān wǔbǎi mǐ.

“能”は否定形では「禁止」の意味を表す傾向が強くなります。この場合，一般に肯定文では“可以”と対応します。

图书馆里不能抽烟。
Túshūguǎnli bù néng chōu yān.

“可以”は「(客観的条件により／許可されて）～できる」という意味以外に，相手に「～すればどうか」「～すればよい」と勧める意味も表します。

你回中国以后，可以给我写信。
Nǐ huí Zhōngguó yǐhòu, kěyǐ gěi wǒ xiě xìn.

■新出語句■

游泳 yóu//yǒng　　游 yóu　　以后 yǐhòu
打字 dǎ zì　　米 mǐ

◆ドリル 12◆

1 単語を並べ替えて正しい文をつくり，日本語に訳しなさい。

① [淡季 / 非常 / 的 / 买 / 票 / 好]。

② [次 / 了 / 开 / 熟练 / 就 / 多 / 几 / 车]。

③ [我 / 你 / 中国菜 / 尝尝 / 的 / 做 / 什么时候 / 想]。

④ [好好儿 / 你 / 商量商量 / 大家 / 决定 / 再 / 跟 / 先]。

2 中国語に訳し，漢字（簡体字）で書きなさい。

① 私の母は外国旅行に行く勇気がありません。[外国 wàiguó]

② （あなたは）何かちょっと食べたいですか？

③ 私はちょっと考えてみてからあなたに返事します。

④ 会話のレベルを上げたいのなら，たくさん話さないといけません。[口语，要，就]

3 ピンインを漢字（簡体字）に書き換え，かつその文に答えなさい。

① Túshūguǎnli kěyǐ hē shuǐ ma?（shuǐ：水）

② Wǒ bù gǎn zuò guòshānchē, nǐ ne?

③ Bǐjiào pàng de rén děi shǎo chī shénme?

④ Zánmen hǎoxiàng zài nǎr jiànguo ba?

第13课　我的自行车让我朋友借走了。
Dì shísān kè　Wǒ de zìxíngchē ràng wǒ péngyou jièzǒu le.

218

（劇場の前で）

杨：　大家 都 进 场 了，方 自远 还 没 来，还 等 他 吗？
Dàjiā dōu jìn chǎng le, Fāng Zìyuǎn hái méi lái, hái děng tā ma?

小林：别 着急，再 等等。应该 还 来得及。
Bié zháojí, zài děngdeng. Yīnggāi hái láidejí.

方：　对不起，我 来晚 了。
Duìbuqǐ, wǒ láiwǎn le.

杨：　你 怎么 现在 才 来？
Nǐ zěnme xiànzài cái lái?

我们 三 点 就 到 了。
Wǒmen sān diǎn jiù dào le.

方：　我 的 自行车 让 我 朋友 借走 了。
Wǒ de zìxíngchē ràng wǒ péngyou jièzǒu le.

我 出门 的 时候 才 想起来，是 走着 来 的。
Wǒ chūmén de shíhou cái xiǎngqilai, shì zǒuzhe lái de.

杨：　这么 晚 了，肯定 没 座儿 了，得 站着 看 了。
Zhème wǎn le, kěndìng méi zuòr le, děi zhànzhe kàn le.

小林：没 关系。人 到齐 了，咱们 快 进去 吧。
Méi guānxi. Rén dàoqí le, zánmen kuài jìnqu ba.

219

■新出語句■

场 chǎng	对不起 duìbuqǐ	借 jiè	座儿 zuòr
还 hái ⇨ 1	才 cái ⇨ 3	走 zǒu	没关系 méi guānxi
应该 yīnggāi ⇨ 2	就 jiù ⇨ 4	着 zhe ⇨ 6	齐 qí
来得及 láidejí	让 ràng ⇨ 5	肯定 kěndìng	

文法ポイント

220 **1 副詞“还”**

1）動作や行為が引き続き行われること，状態や状況がそのままで変わらないことを表す。「まだ；なお；依然として」。

你 下 个 星期 还 在 北京 吗？
Nǐ xià ge xīngqī hái zài Běijīng ma?

我 在 北京 住了 三 年 了，还 没 去过 长城。
Wǒ zài Běijīng zhùle sān nián le, hái méi qùguo Chángchéng.

2）ある事柄のほかに別の事柄が付け加わることを表す。「さらに；その上；加えて」。

我 昨天 买了 一 本 小说，还 买了 一 本 漫画。
Wǒ zuótiān mǎile yì běn xiǎoshuō, hái mǎile yì běn mànhuà.

小李 每天 要 上 课，还 要 做 家教，特别 忙。
Xiǎo-Lǐ měitiān yào shàng kè, hái yào zuò jiājiào, tèbié máng.

221 **2 助動詞“应该”（1）**

動詞の前で用い，客観的状況から推測して「当然～のはずだ」と思う話者の判断を表す。

（⇨ 第16課ポイント 6 助動詞“应该”（2））

你 这么 帅，应该 很 受 女生 欢迎。
Nǐ zhème shuài, yīnggāi hěn shòu nǚshēng huānyíng.

山本 去 中国 留过 学，汉语 应该 说得 很 好。
Shānběn qù Zhōngguó liúguo xué, Hànyǔ yīnggāi shuōde hěn hǎo.

222 **3 副詞“才”（2）**

「回数や時点を表す語句＋(主語)＋“才”＋動詞」のかたちで，話者がある行為や事態の実現が遅いと感じていることを表す。「ようやく（～する／した）；やっと（～する／した）」。

这 篇 论文 我 看了 三 遍 才 看明白。
Zhè piān lùnwén wǒ kànle sān biàn cái kànmíngbai.

昨天 睡得 太 晚，今天 下午 一 点 才 起床。
Zuótiān shuìde tài wǎn, jīntiān xiàwǔ yī diǎn cái qǐchuáng.

■新出語句■

漫画 mànhuà
家教 jiājiào
帅 shuài
受 shòu
女生 nǚshēng
篇 piān
论文 lùnwén
明白 míngbai
睡 shuì
起床 qǐ//chuáng

他 最近 每天 都 加班，晚上 十一 点 才 回 家。
Tā zuìjìn měitiān dōu jiābān, wǎnshang shíyī diǎn cái huí jiā.

223
4 副詞“就”(2)

「回数や時点を表す語句＋(主語)＋“就”＋動詞」のかたちで，話者がある行為や事態の実現が早いと感じていることを表す。「すぐに；(早くも) もう」。

我 今天 早上 四 点 就 醒 了。
Wǒ jīntiān zǎoshang sì diǎn jiù xǐng le.

他 上 星期 就 把 这 星期 的 课 都 预习完 了。
Tā shàng xīngqī jiù bǎ zhè xīngqī de kè dōu yùxíwán le.

现在 的 孩子 三、四 岁 就 开始 学 英语 了。
Xiànzài de háizi sān、sì suì jiù kāishǐ xué Yīngyǔ le.

224
5 受け身文

「X＋“被・叫・让”＋Y＋述語動詞句」のかたちで，動作の受け手を主語（X）とし，動作主を“被・叫・让”のあと（Y）に置いて，「XがYに〜された」という意味を表す。

主語	述語		
		名詞	動詞句
[動作の受け手] 〜が・は	被／叫／让／	[動作主]	…された
山本 Shānběn	被 bèi	大家 dàjiā	送进 医院 了。 sòngjìn yīyuàn le.
昨天 买 的 书 Zuótiān mǎi de shū	叫 jiào	孩子 háizi	撕坏了。 sīhuàile.
他 Tā	让 ràng	我 wǒ	说服 了。 shuōfú le.

小陈 的 手机 被 人 偷走 了。
Xiǎo-Chén de shǒujī bèi rén tōuzǒu le.

我 出门 时 没 带 伞，全身 都 被 淋湿 了。
Wǒ chūmén shí méi dài sǎn, quánshēn dōu bèi línshī le.

加班 jiā//bān
醒 xǐng
预习 yùxí
开始 kāishǐ
被 bèi
送 sòng
叫 jiào
撕 sī
让 ràng
服 fú
偷 tōu
全身 quánshēn
淋 lín
湿 shī

我 新 买 的 电脑 叫 弟弟 玩儿坏 了。
Wǒ xīn mǎi de diànnǎo jiào dìdi wánrhuài le.

面包 让 我 烤糊 了。
Miànbāo ràng wǒ kǎohú le.

1）一般に，受け身文の述語動詞は「結果補語」（第 6 課ポイント 2 参照）や「様態補語」（第 11 課ポイント 3 参照）などをともなうことが多く，動詞に“了”が付いただけでは文が成立しないことが多い。

× 我 的 车 叫 人 骑 了。

→ 我 的 车 叫 人 骑走 了。
Wǒ de chē jiào rén qízǒu le.

2）ただし，動詞が「騙す／殺す」など「損害を与える」意味を表す場合，あるいは「捨てる」など「離脱（して元の場所から離れる）；消失する」意味を表す場合などは，“了”をともなうだけで受け身文を構成することができる。

他们 都 被 那 个 公司 骗 了。
Tāmen dōu bèi nà ge gōngsī piàn le.

我 的 漫画 被 妈妈 扔 了。
Wǒ de mànhuà bèi māma rēng le.

3）“被”を用いる場合は，あとに置く動作主を省略することができるが，“叫・让”では省略することができない。

我 的 自行车 被 骑走 了。（×我的自行车<u>叫／让</u>骑走了。）
Wǒ de zìxíngchē bèi qízǒu le.

225

6 連動文に用いる“着”

連動文（第 3 課ポイント 5）において「V_1着（＋目的語）＋V_2」のかたちで用いられる動詞接尾辞の“着”は，V_1の動作やその結果を状態化し，それがV_2の動作に付随して行なわれる様態的な動作や付帯的状況であることを示す。「～しつつ（…する）；～したまま（…する）」。

（⇨ 第 16 課ポイント 5 動詞接尾辞“着”）

■新出語句■

烤 kǎo

糊 hú

扔 rēng

她 喜欢 躺着 看 书。
Tā xǐhuan tǎngzhe kàn shū.

他 哼着 歌 走出了 教室。
Tā hēngzhe gē zǒuchūle jiàoshì.

我 不 喜欢 关着 窗户 睡觉。
Wǒ bù xǐhuan guānzhe chuānghu shuìjiào.

226 方向補語“起来”の派生的用法 *Column 12*

本課の会話文で“出门的时候才想起来”（出かけるときにようやく思い出した）という文がありますが，この文の“起来”は「ある状況（＝記憶）を想起する」という意味を表します。方向補語として用いられる“起来”は，そのほかにも派生的用法として次のような意味を表します。

1）動作や変化が現実に立ち現われること，起動すること，実行段階に移ることなどを表す。

老师 稍微 批评了 她 一下，她 就 哭起来 了。
Lǎoshī shāowēi pīpíngle tā yíxià, tā jiù kūqilai le.

这 个 苹果 样子 看起来 不 怎么样，吃起来 味道 还 不错。
Zhè ge píngguǒ yàngzi kànqilai bù zěnmeyàng, chīqilai wèidao hái búcuò.

2）動作の対象が，分散や放置の状態から収束の状態に移ることを表す。

你 把 地上 的 玩具 都 收拾起来。
Nǐ bǎ dìshang de wánjù dōu shōushiqilai.

警察 抓错了 人，把 好人 抓起来 了。
Jǐngchá zhuācuòle rén, bǎ hǎorén zhuāqilai le.

¶ “起来”が派生用法で用いられる場合，動詞のうしろの目的語は必ず“起”と“来”の間に置かれる。

刚 下 火车，就 下起 雨 来 了。
Gāng xià huǒchē, jiù xiàqǐ yǔ lái le.

哼 hēng	稍微 shāowēi	不怎么样 bù zěnmeyàng	抓 zhuā
关 guān	批评 pīpíng	味道 wèidao	好人 hǎorén
窗户 chuānghu	哭 kū	不错 búcuò	刚 gāng
睡觉 shuì//jiào	样子 yàngzi	收拾 shōushi	火车 huǒchē

◆ ドリル 13 ◆

1 日本語の意味に従って，（　　）に適当な語(句)を入れなさい。

① 驾照（　　　　）没拿（　　　　　）。
免許証はまだ手に入れていない。

② 今天来看棒球比赛的人特别多，得站（　　　　　）看吧。
今日野球の試合を見に来る人はとても多いから，立ち見をしなければならないだろう。

③ 现在（　　　　　）想（　　　　　）！
今ようやく思い出した！

④ 我的（　　　　　）被人（　　　　　）了。
私の自転車が誰か（人）に乗って行かれた。

2 ピンインを漢字（簡体字）に書き換え，日本語に訳しなさい。

① Duìbuqǐ, wǒ láiwǎn le.

② Wǒ de zìxíngchē ràng rén tōuzǒu le.

③ Zuótiān yèli liǎng diǎn cái shuìjiào.

④ Wǒ jīntiān zǒuzhe lái de.

3 中国語に訳し，漢字（簡体字）で書きなさい。

① パソコンが子供に壊された。

② 彼女は６歳でもうアメリカに留学に行った。

③ 彼はジョギングをするのが好きで，また読書をするのも好きです。

④ 彼女はあんなに早く出かけたのだから，もう着いているはずだ。

第14课　你是不是又做错什么事了？
Dì shísì kè　Nǐ shì bu shì yòu zuòcuò shénme shì le?

227 方：刚才 我 被 我 爸爸 在 电话里 狠狠 地 教训了 一 顿。
Gāngcái wǒ bèi wǒ bàba zài diànhuàli hěnhěn de jiàoxùnle yí dùn.

杨：你 是 不 是 又 做错 什么 事 了？
Nǐ shì bu shì yòu zuòcuò shénme shì le?

方：这 次 雅思 的 成绩 出来 了，我 考了 六 分。
Zhè cì Yǎsī de chéngjì chūlai le, wǒ kǎole liù fēn.

小林：嗯，不 算 高。你 是 不 是 没有 认真 准备？
Ng, bú suàn gāo. Nǐ shì bu shì méiyou rènzhēn zhǔnbèi?

方：我 认真 准备 了 呀。
Wǒ rènzhēn zhǔnbèi le ya.

他 怎么 对 我 发 那么 大 的 脾气 呢？
Tā zěnme duì wǒ fā nàme dà de píqi ne?

你们 说说 看，我 爸爸 是 不 是 很 不 讲理？
Nǐmen shuōshuo kàn, wǒ bàba shì bu shì hěn bù jiǎnglǐ?

杨：半年前 你 也 考过 一 次 吧？
Bànniánqián nǐ yě kǎoguo yí cì ba?

那 次 你 考了 六 点儿 五 分 吧？
Nà cì nǐ kǎole liù diǎnr wǔ fēn ba?

228 **新出語句**

狠 hěn
地 de
教训 jiàoxùn
顿 dùn
雅思 Yǎsī
成绩 chéngjì
嗯 ng
算 suàn
认真 rènzhēn
准备 zhǔnbèi
对 duì ⇨ 3
发 fā
脾气 píqi
呢 ne ⇨ 4
看 kàn ⇨ 5
讲理 jiǎnglǐ
点儿 diǎnr

小林：要是 我 是 你 爸，我 也 会 发火 的。
Yàoshi wǒ shì nǐ bà, wǒ yě huì fāhuǒ de.

方：　你们 俩 是 我 的 朋友 吗？
Nǐmen liǎ shì wǒ de péngyou ma?

文法ポイント

229

1 形容詞の重ね型（1）

形容詞を重ね型で用いると，具体的な様子や状態をありのままに生き生きと描き写したり，行為をどのように行なうかという付帯状況や程度を表す働きをもつ。連用修飾語に用いられるとき，特に行為のありさまを描写的に述べる場合は助詞の“地”をともなう。また，連用修飾語になるとき，重ね型の後半部の声調は第１声に変調することが多い。

今天 我 请客，大家 痛痛快快 地 吃 吧！
Jīntiān wǒ qǐngkè, dàjiā tòngtongkuāikuāi de chī ba!

你 别 着急，慢慢儿 地 说。
Nǐ bié zháojí, mànmānr de shuō.

最近 太 累 了，我 真 想 好好儿 休息 一下。
Zuìjìn tài lèi le, wǒ zhēn xiǎng hǎohāor xiūxi yíxià.

230

2 確認を表す“是不是”

平叙文の文末や，「“是不是”＋形容詞（句）／動詞（句）」のかたちで用い，事柄の真偽や自らの判断の妥当性について相手に確認を求める。「～（なの）でしょう？；～なのだろうか？；～ですよね？」。

听说 你 被 女朋友 甩 了，是 不 是？
Tīngshuō nǐ bèi nǚpéngyou shuǎi le, shì bu shì?

他 这 两 天 都 没 来 学校，是 不 是 生 病 了？
Tā zhè liǎng tiān dōu méi lái xuéxiào, shì bu shì shēng bìng le?

爸 bà
会 huì ⇨ 6
发火 fā//huǒ
俩 liǎ
请客 qǐng//kè
痛快 tòngkuài
慢 màn
甩 shuǎi

231
3 前置詞“对”

知的活動·伝達行為·対人的態度などが向けられる対象や，作用が及ぶ対象を示す。「～に対して；～にとって；～に」。

您 的 建议 对 我 有 很 大 的 帮助。
Nín de jiànyì duì wǒ yǒu hěn dà de bāngzhù.

小高 说 他们 班 的 老师 经常 对 学生 发火。
Xiǎo-Gāo shuō tāmen bān de lǎoshī jīngcháng duì xuésheng fāhuǒ.

232
4 文末助詞“呢”(2)

諾否疑問文を除く疑問文（正反疑問文·選択疑問文·疑問詞疑問文）の文末に“呢”を用いると，「(はて) ～だろうか？」という話者自身の疑念を抱く気持ちを表す。

昨天 聚会，你 怎么 没 来 呢？
Zuótiān jùhuì, nǐ zěnme méi lái ne?

暑假 咱们 去 哪儿 玩儿 呢？
Shǔjià zánmen qù nǎr wánr ne?

他 知道 不 知道 我们 的 秘密 呢？
Tā zhīdao bu zhīdào wǒmen de mìmì ne?

233
5 試行を表す“動詞の重ね型＋看”

動詞の重ね型のあとに“看”を用いて，動作がもたらす効果や結果を知ることを目的として「やってみる；～してみる」という意味を表す。

这 个 APP 很 好 用，你 试试 看。
Zhè ge APP hěn hǎo yòng, nǐ shìshi kàn.

我 问问 看 我 朋友 是 不 是 想 参加 这 个 活动。
Wǒ wènwen kàn wǒ péngyou shì bu shì xiǎng cānjiā zhè ge huódòng.

附近 的 书店 都 没有 这 本 书，我 上网 找找 看。
Fùjìn de shūdiàn dōu méiyou zhè běn shū, wǒ shàngwǎng zhǎozhao kàn.

■新出語句■

建议 jiànyì	高 Gāo	经常 jīngcháng	活动 huódòng
帮助 bāngzhù	班 bān	秘密 mìmì	上网 shàng//wǎng

234

6 助動詞“会”(2)

動詞(句)の前に用い，事態が起こり得る可能性や見込みを表す。「～であろう;～するはずだ」。“的”を使い，“会～的”のかたちで話し手の確信の気持ちを添えて表すこともある。疑問文では一般に“的”を用いない。否定は“不会～(的)”。

你 穿得 这么 少，会 感冒 的。
Nǐ chuānde zhème shǎo, huì gǎnmào de.

天色 不 太 好，一会儿 应该 会 下 雨。
Tiānsè bú tài hǎo, yíhuìr yīnggāi huì xià yǔ.

我 如果 是 你，肯定 不 会 原谅 他。
Wǒ rúguǒ shì nǐ, kěndìng bú huì yuánliàng tā.

这么 晚 了，小李 今天 不 会 来 了。
Zhème wǎn le, Xiǎo-Lǐ jīntiān bú huì lái le.

◆ドリル14◆

1 正しい文になるように(　)にある語句をA～Dの中の最も適切な位置に入れ，文を日本語に訳しなさい。

① 不A及格的话，B拿不C到学分D的。(会)

② A广东菜不B辣，你C尝尝D。(看)

③ 请A你B别C我发这么大的D脾气！(对)

④ 你的A手机流量B用完了C呢D？(是不是)

天色 tiānsè
原谅 yuánliàng

2 中国語に訳し，漢字（簡体字）で書きなさい。

① 彼のアドバイスはあなたにとって大きな助けとなるでしょう。

② 私たちは誰と連絡を取るのだろうか。

③ せっかくの休みなので，思う存分遊びましょう。［难得，痛痛快快］

④ 焦らないで，ゆっくり探してみて。

3 ピンインを漢字（簡体字）に書き換え，かつその文に答えなさい。

① Míngtiān huì bu huì xià yǔ ne?

② Nǐ shì bu shì bù xǐhuan xué wàiyǔ?

③ Nǐ rènzhēn de zhǔnbèiguo shénme kǎoshì?

④ Wǒ méiyou shǒubiǎo, xiànzài jǐ diǎn ne?

第15课　才 四 点 就 开始 堵车 了。

Dì shíwǔ kè　Cái sì diǎn jiù kāishǐ dǔchē le.

235 （三人が乗ったタクシーが，渋滞に巻き込まれました）

方：　怎么 才 四 点 就 开始 堵车 了？
Zěnme cái sì diǎn jiù kāishǐ dǔchē le?

杨：　大城市 就 是 这样，没 办法。
Dàchéngshì jiù shì zhèyàng, méi bànfǎ.

小林：今天 周 五，谁 都 想 早 点儿 回 家。
Jīntiān zhōu wǔ, shéi dōu xiǎng zǎo diǎnr huí jiā.

方：　咱们 换 条 路 走 吧。
Zánmen huàn tiáo lù zǒu ba.

从 前面 的 出口 出去，向 东 拐 有 条 小路。
Cóng qiánmiàn de chūkǒu chūqu, xiàng dōng guǎi yǒu tiáo xiǎolù.

杨：　快 到 了，前面 就 是，别 换 了。
Kuài dào le, qiánmiàn jiù shì, bié huàn le.

方：　那 条 小路 知道 的 人 不 多，不 堵 车。
Nà tiáo xiǎolù zhīdao de rén bù duō, bù dǔ chē.

杨：　那 要是 更 堵 呢？
Nà yàoshi gèng dǔ ne?

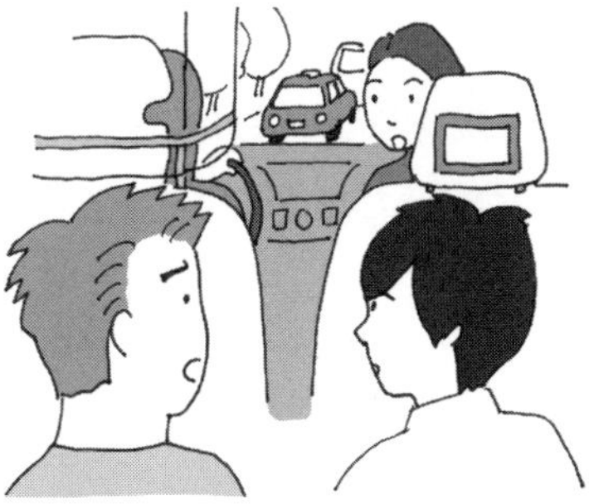

236 **■新出語句■**

才 cái ⇨ 1	这样 zhèyàng	从 cóng ⇨ 4	小路 xiǎolù
堵车 dǔ//chē	办法 bànfǎ	出口 chūkǒu	快 kuài ⇨ 6
大城市 dàchéngshì	周五 zhōu wǔ	向 xiàng ⇨ 5	更 gèng
就 jiù ⇨ 2	路 lù	拐 guǎi	

小林：你们 俩 不要 吵，我 来 定 吧。再 等 十 分 钟，
Nǐmen liǎ búyào chǎo, wǒ lái dìng ba. Zài děng shí fēn zhōng,

如果 还 这么 堵，就 听 方 自远 的。好 吧？
rúguǒ hái zhème dǔ, jiù tīng Fāng Zìyuǎn de. Hǎo ba?

文法ポイント

237 1 副詞“才”(3)

時点表現の前や数量表現など段階の意味をともなう動詞句の前に用いる“才”は，その数量や段階が少ない（早い）と感じる話し手の気持ちを表す。「まだ～で；わずか～で；たった～で」。

现在 才 六月 就 这么 热，八月 怎么 过 啊？
Xiànzài cái liùyuè jiù zhème rè, bāyuè zěnme guò a?

这 个 孩子 才 上 小学 一 年级 字 就 写得 这么 好。
Zhè ge háizi cái shàng xiǎoxué yī niánjí zì jiù xiěde zhème hǎo.

这 顿 饭 才 五 块 钱？ 太 便宜 了！
Zhè dùn fàn cái wǔ kuài qián? Tài piányi le!

238 2 副詞“就”(3)

対象をピンポイントで限定し，「ほかでもなく；まさしく」という意味を表す。

就 在 上 个 月，她 拿到了 驾照。
Jiù zài shàng ge yuè, tā nádàole jiàzhào.

咱们 就 这么 定 了 吧！
Zánmen jiù zhème dìng le ba!

239 3 “疑問詞＋都”

「疑問詞＋(量詞)＋(名詞)＋“都”」のかたちで述語を修飾し，「何でも・誰でも・どれでも」のように，想定されるすべての事物や事柄が述語の表す事態や状態に該当することを表す。

这 两 块 手表 哪 块 都 挺 好看 的。
Zhè liǎng kuài shǒubiǎo nǎ kuài dōu tǐng hǎokàn de.

■新出語句■

吵 chǎo
来 lái ⇨ 7
定 dìng
过 guò
小学 xiǎoxué

他 什么 都 会 一点儿，可是 什么 都 不 精。
Tā shénme dōu huì yìdiǎnr, kěshì shénme dōu bù jīng.

240 **4 前置詞“从”**

場所表現や時点をともない，移動や行為の起点や経由点を示す。「～から；～を通って」。

前田 后天 从 中国 留学 回来。
Qiántián hòutiān cóng Zhōngguó liúxué huílai.

他 从 美国 带回来 一 批 珍贵 的 史料。
Tā cóng Měiguó dàihuilai yì pī zhēnguì de shǐliào.

黄河 从 市区 穿过 是 兰州 最 大 的 特色。
Huánghé cóng shìqū chuānguò shì Lánzhōu zuì dà de tèsè.

241 **5 前置詞“向”**

動作の向かう方向を表す。この意味では“往 wǎng”と同じ。その意味とは別に，事物や知識を得る相手や，行為の向かう相手を導く用法も持つ。「～から；～へ；～に向けて」。

昨天 小李 向 小雷 借了 一百 块 钱。
Zuótiān Xiǎo-Lǐ xiàng Xiǎo-Léi jièle yìbǎi kuài qián.

他 向 大家 表示 抱歉。
Tā xiàng dàjiā biǎoshì bàoqiàn.

242 **6 近接未来の表現**

助動詞の“要”や副詞の“就”“快”を文末助詞の“了”とともに用い，“要～了”，“就～了”，“快～了”，さらに“就要～了”，“快要～了”などのかたちで，さしせまった未来に発生する新たな事態を表す。「まもなく～する；もうすぐ～になる」。

要 撞上 了！赶紧 打 方向盘！
Yào zhuàngshàng le! Gǎnjǐn dǎ fāngxiàngpán!

快 期末 考试 了，大家 收收 心 开始 复习 吧。
Kuài qīmò kǎoshì le, dàjiā shōushou xīn kāishǐ fùxí ba.

他们 下 个 月 就 要 结婚 了。
Tāmen xià ge yuè jiù yào jiéhūn le.

会 huì
精 jīng
批 pī
珍贵 zhēnguì
史料 shǐliào
黄河 Huánghé
市区 shìqū
穿 chuān
兰州 Lánzhōu
最 zuì
特色 tèsè
往 wǎng
雷 Léi
表示 biǎoshì
抱歉 bàoqiàn
撞 zhuàng
上 shàng
赶紧 gǎnjǐn
打方向盘 dǎ fāngxiàngpán
收心 shōu//xīn
复习 fùxí
结婚 jié//hūn

¶　副詞“快”と“快要”は，ほかの時間詞とあわせて用いることはできない。

×　小李　明年　快　毕业　了。

243

7 積極性を表す“来”

単独で用いるか，または，ほかの動詞の前に用いて，「さあ～しよう」と積極的に動作にとり掛かろうとする意向を表したり，促したりする。１人称以外の主語の場合は，積極性をともなって行為の行い手を割り振る意味を表す。

我　来　给　你　讲讲　这　道　题　怎么　做。
wǒ lái gěi nǐ jiǎngjiang zhè dào tí zěnme zuò.

我　是　本地人，我　来　给　大家　做　向导　吧。
Wǒ shì běndìrén, wǒ lái gěi dàjiā zuò xiàngdǎo ba.

咱们　去　不　去，你　来　决定　吧。
Zánmen qù bu qù, nǐ lái juédìng ba.

◆ ドリル 15 ◆

1 語句を並べ替えて，正しい文をつくり，日本語に訳しなさい。

① [什么 / 昨天 / 没 / 他 / 都 / 吃]。

② [考试 / 就要 / 下个 / 了 / 星期]。

③ [来 / 从 / 哪儿 / 的 / 你 / 是]？

④ [家 / 了 / 八点 / 就 / 回 / 才 / 怎么]？

■新出語句■

讲 jiǎng
道 dào
题 tí
本地人 běndìrén
向导 xiàngdǎo

2 以下のような場面では中国語でどういうか，漢字（簡体字）で書きなさい。なお，［　］内の単語を必ず使用すること。

① 3人で待ち合わせをしたが，1人がまだ来ていない。もう10分たって，その人が来なければ電話をすることを提案する。［再，还，给］

② 相手に今日は自分が食事をご馳走することを告げる。［来］

③ 2足の靴のどちらを買おうか迷っている相手に，どちらも綺麗だと伝える。［哪，好看］

3 ［　］の単語を用いて，中国語（簡体字）に訳しなさい。

① 王さんは中国からたくさんの古本を買って帰ってきました。［从］

② わたしは陳さんに上海語を習っている。［向，学］

③ 誰もが彼のことを好きです。［都］

④ 状況はまさにこんなふうです。［※情况 qíngkuàng，这样］

第16课　门 开着，怎么 没有 人 呢？
Dì shíliù kè　Mén kāizhe, zěnme méiyou rén ne?

244

（楊さんはキャンパス内で久しぶりに小林さんを見かけました）

杨：　小林，听说 你 要 去 河南 参加 一 个 交流 活动，
Xiǎolín, tīngshuō nǐ yào qù Hénán cānjiā yí ge jiāoliú huódòng,

是 吗？
shì ma?

小林：是 啊，我 正 在 准备 资料 呢。
Shì a, wǒ zhèng zài zhǔnbèi zīliào ne.

你 看，有 这么 多 资料 要 复印 呢。
Nǐ kàn, yǒu zhème duō zīliào yào fùyìn ne.

杨：　还是 去 学校 的 复印店 复印 吧。
Háishi qù xuéxiào de fùyìndiàn fùyìn ba.

他们 复印得 又 快 又 好！
Tāmen fùyìnde yòu kuài yòu hǎo!

（学内のコピー店に移動して）

杨：　欸？门 开着，怎么 没有 人 呢？（大きな声で）有 人 吗？
Éi? Mén kāizhe, zěnme méiyou rén ne? Yǒu rén ma?

老板：来了 来了！刚才 有 事儿，出去了 一下。
Lǎobǎn: Láile láile! Gāngcái yǒu shìr, chūqule yíxià.

杨：　这 些 资料 请 复印 三十 份儿。
Zhè xiē zīliào qǐng fùyìn sānshí fènr.

245

■新出語句■

河南 Hénán	资料 zīliào	着 zhe ⇨ 5
交流 jiāoliú	呢 ne ⇨ 1	老板 lǎobǎn
正 zhèng ⇨ 1	复印 fùyìn	份儿 fènr
在 zài ⇨ 1	还是 háishi ⇨ 3	

二十 分 钟 后 过来 取，可以 吗？
Èrshí fēn zhōng hòu guòlai qǔ, kěyǐ ma?

老板：好 的，没 问题。
Hǎo de, méi wèntí.

小林：杨 阳，太 谢谢 你 了。我 应该 早 点儿 来 这 家 店。
Yáng Yáng, tài xièxie nǐ le. Wǒ yīnggāi zǎo diǎnr lái zhè jiā diàn.

文法ポイント

246

1 進行中の出来事や行為を表す表現

「“在”＋動詞」のかたちで動作や出来事が現に実現している最中であることを示す。「～しているところだ；～の状態だ」。しばしば副詞の“正”や，話者が現状の存在を確認していることを表す文末助詞の“呢”とともに用いられる。

你 在 干 什么？—— 我 在 看 电视 呢。
Nǐ zài gàn shénme? Wǒ zài kàn diànshì ne.

小刘 在 倒 时差 呢，让 他 多 睡 一会儿 吧。
Xiǎo-Liú zài dǎo shíchā ne, ràng tā duō shuì yíhuìr ba.

我 放学 回来 的 时候，妈妈 正 在 做饭。
Wǒ fàngxué huílai de shíhou, māma zhèng zài zuòfàn.

247

2 “有”を用いる連動文

連動文のひとつ目の動詞に“有”を用い，「主語（X）＋“有”＋目的語（Y）＋動詞句」のかたちで，主語の場所・時間・人物（X）に「～するYがいる，～するYがある」という意味を表す。否定文では「Xには～するYがいない，～するYがない」という意味を表す。

我 有 事 跟 你 商量。
Wǒ yǒu shì gēn nǐ shāngliang.

我 有 一 个 弟弟 在 美国 工作。
Wǒ yǒu yí ge dìdi zài Měiguó gōngzuò.

应该 yīnggāi ⇨ 6
干 gàn
电视 diànshì
倒 dǎo
时差 shíchā
放学 fàng//xué
工作 gōngzuò

家里 已经 没有 东西 吃 了。
Jiāli yǐjīng méiyou dōngxi chī le.

248
3 副詞“还是”

選択肢をあれこれ比較したりして考えた上で結論を述べる場合や，実行や検討したあとで比較対象の評価を述べる場合に用いる。「やはり～だ；どちらかと言えば～だ」。

还是 我 去 找 你 吧，比较 方便。
Háishi wǒ qù zhǎo nǐ ba, bǐjiào fāngbiàn.

我们 晚上 还是 吃 中国菜 吧。
Wǒmen wǎnshang háishi chī Zhōngguócài ba.

249
4 “又～又…”

ひとつの事物やひとつの場面が，同時に二つの性質や状況を併せもつことを意味する。「～でもあり（かつまた）…でもある」。

小红 又 聪明 又 懂事，真 是 个 好孩子。
Xiǎohóng yòu cōngming yòu dǒngshì, zhēn shì ge hǎoháizi.

他 这 个 人 多才多艺，又 会 弹 琴 又 会 唱 歌。
Tā zhè ge rén duō cái duō yì, yòu huì tán qín yòu huì chàng gē.

250
5 動詞接尾辞“着”

動詞のあとに付き，問題の時点において，動作が〈持続したままの状態にある〉ことや，動作・変化のもたらす結果状態が〈持続したままの状態にある〉ことを表す。「～ている；～てある」。

你 等 一下，他 正 吃着 饭 呢。
Nǐ děng yíxià, tā zhèng chīzhe fàn ne.

墙上 挂着 几 幅 山水画。
Qiángshang guàzhe jǐ fú shānshuǐhuà.

餐桌上 摆着 很 多 精美 的 餐具。
Cānzhuōshang bǎizhe hěn duō jīngměi de cānjù.

■新出語句■

聪明 cōngming
懂事 dǒngshì
多才多艺 duō cái duō yì
弹 tán
琴 qín
墙 qiáng
挂 guà
幅 fú
山水画 shānshuǐhuà
餐桌 cānzhuō
摆 bǎi
精美 jīngměi
餐具 cānjù

251

6 助動詞“应该”(2)

動詞の前に用い，道理や事実に基づいて「当然～しなければならない；～すべきである」という話者の判断を表す。

你 应该 跟 我 说 实话。
Nǐ yīnggāi gēn wǒ shuō shíhuà.

保护 环境，我们 应该 怎么 做？
Bǎohù huánjìng, wǒmen yīnggāi zěnme zuò?

◆ ドリル 16 ◆

1 単語を並べ替えて正しい文をつくり，日本語に訳しなさい。

① [什么／箱子／东西／里／着／装]？

--------------------------------　--------------------------------

② [打／爸爸／在／呢／瞌睡／正]。

--------------------------------　--------------------------------

③ [你／表示／应该／他／向／抱歉]。

--------------------------------　--------------------------------

④ [别／了／你／去／了／忙／太／还是／，]。

--------------------------------　--------------------------------

---

实话 shíhuà
保护 bǎohù

2 中国語に訳し，漢字（簡体字）で書きなさい。

① わたしには行きたいところがいくつかあります。

② やはりタクシーで行く方がわりと便利です。［打车］

③ 家を借りる手続きは多く，また面倒でもある。［麻烦］

④ 机には資料がたくさん置いてあります。

3 ピンインを漢字（簡体字）に書き換え，かつその文に答えなさい。

① Nǐ yǒu méiyou wèntí yào wèn lǎoshī?

② Zuótiān shàngwǔ shí diǎn, nǐ zài gàn shénme?

③ Wǒ háishi xǐhuan chī Rìběncài, nǐ ne?

④ Wǒmen yīnggāi bu yīnggāi yuánliàng bù shuō shíhuà de rén?

第17课　听说 你 差点儿 没 赶上 高铁？
Dì shíqī kè　Tīngshuō nǐ chàdiǎnr méi gǎnshàng gāotiě?

252

（小林さんが河南省への旅を終えて北京に戻ってきました）

杨：　小林，听说 你 回 北京 的 时候 差点儿 没 赶上 高铁？
Xiǎolín, tīngshuō nǐ huí Běijīng de shíhou chàdiǎnr méi gǎnshàng gāotiě?

小林：是 啊，我 刚 上 车，车 就 开 了。
Shì a, wǒ gāng shàng chē, chē jiù kāi le.

杨：　我 忘了 告诉 你 了，坐 高铁 至少 得 提前 三十 分 钟
Wǒ wàngle gàosu nǐ le, zuò gāotiě zhìshǎo děi tíqián sānshí fēn zhōng

到 高铁 站。
dào gāotiě zhàn.

小林：我 不 知道 进 站 要 花 那么 长 时间。
Wǒ bù zhīdào jìn zhàn yào huā nàme cháng shíjiān.

离 开 车 只 有 十 分 钟 了，我 还 在 进站口 排队，
Lí kāi chē zhǐ yǒu shí fēn zhōng le, wǒ hái zài jìnzhànkǒu páiduì,

心里 特别 着急。
xīnli tèbié zháojí.

杨：　那 时间 确实 有点儿 紧张，从 进站口 到 站台 还 有
Nà shíjiān quèshí yǒudiǎnr jǐnzhāng, cóng jìnzhànkǒu dào zhàntái hái yǒu

好几百 米 呢。
hǎojǐbǎi mǐ ne.

253

■新出語句■

差点儿 chàdiǎnr ⇨ 1
赶 gǎn
高铁 gāotiě
刚 gāng ⇨ 2
至少 zhìshǎo
提前 tíqián
离 lí ⇨ 3
进站口 jìnzhànkǒu
排队 pái//duì
确实 quèshí
紧张 jǐnzhāng
站台 zhàntái
好几 hǎojǐ ⇨ 5

小林：是 啊，我 一边 跑 一边 看 表，就 怕 赶不上。
Shì a, wǒ yìbiān pǎo yìbiān kàn biǎo, jiù pà gǎnbushàng.

杨： 赶上了 就 好。除了 这个，其他 没 什么 问题 吧。
Gǎnshàngle jiù hǎo. Chúle zhèige, qítā méi shénme wèntí ba.

小林：其他 一切 都 好。高铁 站 离 市中心 比较 近，
Qítā yíqiè dōu hǎo. Gāotiě zhàn lí shìzhōngxīn bǐjiào jìn,

比 坐 飞机 方便。
bǐ zuò fēijī fāngbiàn.

文法ポイント

254

1 副詞“差点儿”

「危うく；もう少しで」の意味を表すが，動詞句の表す事態の実現を話者が望んでいるかどうかで否定文の意味が変わる。

1）話者が実現を望んでいる動詞句に用いた場合，「“差点儿”＋動詞句」はそれが実現しなかったことを表し，否定の「“差点儿”＋“没”＋動詞句」は幸いにも実現したことを表す。

村上 春树 好几 次 都 差点儿 拿到 诺贝尔 文学奖。
Cūnshàng Chūnshù hǎojǐ cì dōu chàdiǎnr nádào Nuòbèi'ěr Wénxuéjiǎng.

我 差点儿 没 赶上 火车。
Wǒ chàdiǎnr méi gǎnshàng huǒchē.

2）話者が実現を望んでいない動詞句の前に用いた場合，「“差点儿”＋動詞句」と否定の「“差点儿”＋“没”＋動詞句」は，いずれもそれが実現しなかったことを表す。

我 差点儿 把 洗面奶 当成 牙膏 用 了。
Wǒ chàdiǎnr bǎ xǐmiànnǎi dàngchéng yágāo yòng le.

他 差点儿 没 闹 笑话。
Tā chàdiǎnr méi nào xiàohua.

■新出語句■

一边 yìbiān ⇨ 6
除了 chúle
其他 qítā
一切 yíqiè
市 shì
中心 zhōngxīn
诺贝尔文学奖 Nuòbèi'ěr Wénxuéjiǎng
洗面奶 xǐmiànnǎi
牙膏 yágāo
闹笑话 nào xiàohua

255
2 副詞“刚”

動詞（句）の前に用い，動作や行為がほんの少し前に発生したことを表す。「～したばかり」。

刚 吃完 饭 就 躺着 对 身体 不 好。
Gāng chīwán fàn jiù tǎngzhe duì shēntǐ bù hǎo.

妈妈 端来 一 屉 刚 出 锅 的 包子，让 我 趁 热 吃。
Māma duānlai yí tì gāng chū guō de bāozi, ràng wǒ chèn rè chī.

256
3 前置詞“离”

距離や時間の隔たりの基準となる点を示す。「～から；～まで」。

离 我们 家 很 近 的 那 家 快餐店 倒闭 了。
Lí wǒmen jiā hěn jìn de nà jiā kuàicāndiàn dǎobì le.

最 近 的 医院 离 这儿 有 五 公里。
Zuì jìn de yīyuàn lí zhèr yǒu wǔ gōnglǐ.

这 个 电影 离 上映 还 有 不 到 两 天 的 时间 了。
Zhè ge diànyǐng lí shàngyìng hái yǒu bú dào liǎng tiān de shíjiān le.

257
4 “从～到…”

「“从”＋X＋“到”＋Y」のかたちで，ある状況・状態や出来事が展開する範囲を示す。

他 工作 很 忙，从 早 到 晚 都 不 休息。
Tā gōngzuò hěn máng, cóng zǎo dào wǎn dōu bù xiūxi.

从 家里 到 单位，路上 需要 很 长 时间。
Cóng jiāli dào dānwèi, lùshang xūyào hěn cháng shíjiān.

258
5 “好几＋量詞”

“好几”は量詞（または「位数＋量詞」）と組み合わせて用い，数量や回数などが多いことを強調する。

我 已经 好几 年 没 说 英语 了。
Wǒ yǐjīng hǎojǐ nián méi shuō Yīngyǔ le.

这 家 店 我 吃过 好几 次，味道 很 不错。
Zhè jiā diàn wǒ chīguo hǎojǐ cì, wèidao hěn búcuò.

端 duān
屉 tì
锅 guō
包子 bāozi
趁 chèn
热 rè
倒闭 dǎobì
公里 gōnglǐ
上映 shàngyìng
单位 dānwèi
路上 lùshang

259

6 “一边（儿）～，一边（儿）…”

二つの動詞句を「“一边（儿）” ＋動詞句$_1$，“一边（儿）” ＋動詞句$_2$」のかたちで並べ，一人の動作者が二つの動作を並行して同時に行なう様子を表す。「～しながら…する；一方で～しつつ，同時に一方で…する」。

奶奶 一边 织 毛衣，一边 看 电视。
Nǎinai yìbiān zhī máoyī, yìbiān kàn diànshì.

他 一边 打工 一边 写 小说。
Tā yìbiān dǎgōng yìbiān xiě xiǎoshuō.

◆ ドリル 17 ◆

1 語句を並べ替えて正しい文をつくり，日本語に訳しなさい。

① [电影票 / 差点儿 / 我 / 没 / 到 / 买]。

② [离 / 米 / 三百 / 图书馆 / 有 / 学校门口 / 至少]。※门口 ménkǒu：入り口

③ [事 / 这件 / 你 / 告诉 / 忘了 / 我]。

④ [已经 / 没 / 我 / 电影 / 年 / 去 / 好几 / 看 / 了]。

■新出語句■

织 zhī

毛衣 máoyī

打工 dǎ//gōng

2 ピンインを漢字（簡体字）に書き換え，日本語に訳しなさい。

① Nǐmen gōngsī lí chēzhàn jìn ma?

② Chúle zhèige, qítā yíqiè dōu hǎo ba?

③ Zuò gāotiě bǐ zuò fēijī fāngbiàn.

④ Wǒ bù zhīdào jìn zhàn yào huā nàme cháng shíjiān.

3 ［　］の単語を用いて中国語に訳し，漢字（簡体字）で書きなさい。

① 父は毎日午前9時から午後5時まで8時間仕事をします。

② 食事をし終えたばかりですぐ甘いものを食べたら太りますよ。［甜食，会］

③ 私は毎日音楽を聴きながらご飯を作っています。［一边］

④ 中国から日本に戻るとき，もう少しで飛行機に乗り遅れるところだった。［差点儿］

第18课　现在 工作 越来越 不 好 找 了。
Dì shíbā kè　Xiànzài gōngzuò yuèláiyuè bù hǎo zhǎo le.

260
方：　小林，你 毕业 后 有 什么 打算？
Xiǎolín, nǐ bìyè hòu yǒu shénme dǎsuan?

小林：工作 吧。不过，现在 就业 的 大环境 不 好，
Gōngzuò ba. Búguò, xiànzài jiùyè de dàhuánjìng bù hǎo,

工作 越来越 不 好 找 了。你 呢？
gōngzuò yuèláiyuè bù hǎo zhǎo le. Nǐ ne?

方：　我 爸 给了 我 两 个 选择：一 个 是 去 英国 留学，
Wǒ bà gěile wǒ liǎng ge xuǎnzé: yí ge shì qù Yīngguó liúxué,

一 个 是 在 中国 考 研究生。
yí ge shì zài Zhōngguó kǎo yánjiūshēng.

杨：　你 对 自己 的 将来 一点儿 想法 都 没有 啊。
Nǐ duì zìjǐ de jiānglái yìdiǎnr xiǎngfǎ dōu méiyou a.

小林：杨 阳，那 你 呢？你 来 日本 留学 吗？
Yáng Yáng, nà nǐ ne? Nǐ lái Rìběn liúxué ma?

杨：　我 对 留学 不 怎么 感 兴趣。我 想 直接 找 工作。
Wǒ duì liúxué bù zěnme gǎn xìngqù. wǒ xiǎng zhíjiē zhǎo gōngzuò.

进 公司 或者 考 公务员。
Jìn gōngsī huòzhě kǎo gōngwùyuán.

261
■新出語句■

毕业 bì//yè
打算 dǎsuan
就业 jiù//yè
大环境 dàhuánjìng
越来越 yuèláiyuè ⇨ 1
给 gěi ⇨ 2
研究生 yánjiūshēng
将来 jiānglái
想法 xiǎngfǎ
感 gǎn
直接 zhíjiē
或者 huòzhě
公务员 gōngwùyuán

小林：来 日本 工作 吧。这样 我们 可以 经常 见面。
Lái Rìběn gōngzuò ba. Zhèyàng wǒmen kěyǐ jīngcháng jiànmiàn.

杨：能 找到 工作 的 话 我 就 去。
Néng zhǎodào gōngzuò de huà wǒ jiù qù.

反正 哪儿 要 我 我 就 去 哪儿，我 不 挑 工作。
Fǎnzhèng nǎr yào wǒ wǒ jiù qù nǎr, wǒ bù tiāo gōngzuò.

方：怎么 没有 人 邀请 我 啊？
Zěnme méiyou rén yāoqǐng wǒ a?

小林：随时 欢迎。
Suíshí huānyíng.

文法ポイント

262
1 "越来越～"

"越来越X"のかたちで，時間の経過につれて「ますますXになる」という事態の激化や程度の増長を表す。Xに用いる語は，感情や心理状態を表す動詞や"像（似ている）"などの属性を表す動詞または形容詞に限られる。

人们 的 生活 越来越 离不开 网络 了。
Rénmen de shēnghuó yuèláiyuè líbukāi wǎngluò le.

真正 好 的 茅台酒 越来越 难 买到 了。
Zhēnzhèng hǎo de Máotáijiǔ yuèláiyuè nán mǎidào le.

263
2 二重目的語構文

英語の "I'll give you a present." のように，ひとつの動詞のあとに「ヒト」と「モノ」を表す２つの目的語が連続して置かれる構文を二重目的語構文という。中国語では動詞の表す意味により，２種類の二重目的構文が存在する。

反正 fǎnzhèng
挑 tiāo
邀请 yāoqǐng
人们 rénmen
离 lí
开 kāi
网络 wǎngluò
真正 zhēnzhèng
茅台酒 Máotáijiǔ

1）動詞が「与える（授与する）」タイプ：「あげる」型の二重目的語構文

「主語＋動詞＋ヒト＋モノ」で，「主語がヒトにモノを～スル」の意味を表す。

我 送了 小红 一 个 生日 礼物。
Wǒ sòngle Xiǎohóng yí ge shēngri lǐwù.

小毛 问了 老师 一 个 问题。
Xiǎo-Máo wènle lǎoshī yí ge wèntí.

2）動詞が「受け取る（取得する）」タイプ：「もらう」型の二重目的語構文

「主語＋動詞＋ヒト＋モノ」で，「主語がヒトからモノを～スル」の意味を表す。

小明 借了 我 五百 块 钱，到 现在 还 没 还。
Xiǎomíng jièle wǒ wǔbǎi kuài qián, dào xiànzài hái méi huán.

这 点儿 东西，他 要了 我 好几十 块。
Zhè diǎnr dōngxi, tā yàole wǒ hǎojǐshí kuài.

264 3 “一点儿＋都／也”

「“一点儿”＋“都／也”」のかたちで否定形の述語を修飾し，「すこしも～でない；全然～ない」という全否定の意味を表す。

我 现在 一点儿 东西 都 不 想 吃。
Wǒ xiànzài yìdiǎnr dōngxi dōu bù xiǎng chī.

这 个 游戏 一点儿 也 不 好玩儿。
Zhè ge yóuxì yìdiǎnr yě bù hǎowánr.

265 4 “不怎么＋動詞／形容詞”

“不怎么”を動詞や形容詞の前に用いると，程度や頻度がそれほど高くないことを表す。「さほど～ではない；たいして～しない」。

很 多 老年人 不 怎么 愿意 尝试 新生 事物。
Hěn duō lǎoniánrén bù zěnme yuànyì chángshì xīnshēng shìwù.

他 平时 不 怎么 表现出 自己 的 喜怒哀乐。
Tā píngshí bù zěnme biǎoxiànchū zìjǐ de xǐ nù āi lè.

■新出語句■

礼物 lǐwù
游戏 yóuxì
好玩儿 hǎowánr
老年人 lǎoniánrén
愿意 yuànyì
尝试 chángshì
新生 xīnshēng
事物 shìwù
表现 biǎoxiàn
喜怒哀乐 xǐ nù āi lè

266

5 疑問詞連鎖構文

複文の従属節（前節）と主節（後節）に同一の疑問詞をひとつずつ用い,「任意の事物や事柄について従属節（前節）で述べる条件にかなうものは, すべて主節（後節）で述べる命題に該当する」という意味を表す。主節にしばしば副詞“就”を用いる。

不 能 让 小孩子 想 干 什么 就 干 什么。
Bù néng ràng xiǎoháizi xiǎng gàn shénme jiù gàn shénme.

哪个 便宜 我们 买 哪个。
Něige piányi wǒmen mǎi něige.

哪儿 住得 舒服 我们 就 住 哪儿。
Nǎr zhùde shūfu wǒmen jiù zhù nǎr.

◆ ドリル 18 ◆

1 正しい文になるように,（ ）の単語の中から適切なものをすべて選び, それぞれの文を日本語に訳しなさい。

① 我（ 送／给／买 ）了他一个生日礼物。

② 汉语（ 太／越来越／很 ）有意思了。

③ 阿拉伯语我一点儿（ 也／都／还 ）听不懂。

④ 他不（ 怎么／太／挺 ）喜欢坐飞机。

小孩子 xiǎoháizi
舒服 shūfu

2 中国語に訳し，漢字（簡体字）で書きなさい。

① わたしは彼女に辞書を1冊借りました。

② 彼は普段自分の考え方をあまり話さない。

③ 彼という人は，少しも謙虚さがない。

④ 食べたい量だけ食べてください。［多少］

3 ピンインを漢字（簡体字）に書き換え，かつその文に答えなさい。

① Nǐ sòngguo péngyou shēngri lǐwù ma?

② Nǐ jīngcháng kàn Zhōngguó diànyǐng ma?

③ Xīngqī tiān nǐ kěyǐ xiǎng jǐ diǎn qǐchuáng jiù jǐ diǎn qǐchuáng ma?

④ Rénmen de shēnghuó yuèláiyuè líbukāi wǎngluò le, nǐ juéde zhèyàng hǎo bu hǎo?

読み物編

第19课 小林 写给 方 自远 的 邮件
Dì shíjiǔ kè Xiǎolín xiěgěi Fāng Zìyuǎn de yóujiàn

267 方 自远：
Fāng Zìyuǎn:

你 好！
Nǐ hǎo!

一 眨眼 我 回到 东京 已经 一 个 多 星期 了，这么 晚
Yì zhǎyǎn wǒ huídào Dōngjīng yǐjīng yí ge duō xīngqī le, zhème wǎn

才 给 你 写 邮件，非常 抱歉。
cái gěi nǐ xiě yóujiàn, fēicháng bàoqiàn.

这 是 我 第 一 次 去 外国 留学。去 之前，我 以为 会
Zhè shì wǒ dì yī cì qù wàiguó liúxué. Qù zhīqián, wǒ yǐwéi huì

遇到 很 多 困难，没 想到 一切 都 如此 顺利。这 多亏了 你
yùdào hěn duō kùnnan, méi xiǎngdào yíqiè dōu rúcǐ shùnlì. Zhè duōkuīle nǐ

和 杨 阳 对 我 的 帮助，谢谢 你们。
hé Yáng Yáng duì wǒ de bāngzhù, xièxie nǐmen.

对 我 来 说，这 次 留学 收获 非常 大。除了 学习 汉语，
Duì wǒ lái shuō, zhè cì liúxué shōuhuò fēicháng dà. Chúle xuéxí Hànyǔ,

我 还 交到了 几 个 好朋友。通过 和 你们 的 接触，我
wǒ hái jiāodàole jǐ ge hǎopéngyou. Tōngguò hé nǐmen de jiēchù, wǒ

268 **■新出語句■**

眨眼 zhǎ//yǎn
第 dì ⇨ 1
以为 yǐwéi ⇨ 2
遇 yù
困难 kùnnan
没想到 méi xiǎngdào ⇨ 3
如此 rúcǐ
顺利 shùnlì
多亏 duōkuī
收获 shōuhuò
交 jiāo
好朋友 hǎopéngyou
通过 tōngguò ⇨ 5
接触 jiēchù

了解到了 许许多多 普通 中国人 的 想法。俗话 说“读 万 卷
liǎojiědàole xǔxuduōduō pǔtōng Zhōngguórén de xiǎngfǎ. Súhuà shuō “dú wàn juàn

书 不如 行 万 里 路”，说 的 可能 就 是 这 个 道理。
shū bùrú xíng wàn lǐ lù”, shuō de kěnéng jiù shì zhè ge dàoli.

我 怀念 北京 干爽 的 天气、食堂 可口 的 饭菜，还有
Wǒ huáiniàn Běijīng gānshuǎng de tiānqì、shítáng kěkǒu de fàncài, háiyǒu

你们 的 笑脸。有 机会 我 会 再 去 中国，也 欢迎 你们 来
nǐmen de xiàoliǎn. Yǒu jīhuì wǒ huì zài qù Zhōngguó, yě huānyíng nǐmen lái

东京 玩儿。
Dōngjīng wánr.

期待 在 不 久 的 将来 我们 能够 再 次 相聚！
Qīdài zài bù jiǔ de jiānglái wǒmen nénggòu zài cì xiāngjù!

小林 直人
Xiǎolín Zhírén

語彙・表現のポイント

269

1 “第～”

数量詞や一部の名詞の前に用いて序数を表す。「第～の；～番目の」。

这 是 第 几 届 奥运会？
Zhè shì dì jǐ jiè Ào-Yùn-Huì?

电视台 正 在 播 那 部 电视剧 的 第 二 季。
Diànshìtái zhèng zài bō nà bù diànshìjù de dì èr jì.

第 三 号 台风 马上 就 要 登陆 了。
Dì sān hào táifēng mǎshàng jiù yào dēnglù le.

了解 liǎojiě
许许多多 xǔxuduōduō ⇨ 6
普通 pǔtōng
俗话 súhuà
读 dú
卷 juàn
不如 bùrú
行 xíng
可能 kěnéng ⇨ 7
道理 dàoli
怀念 huáiniàn
干爽 gānshuǎng
可口 kěkǒu
饭菜 fàncài
笑脸 xiàoliǎn
机会 jīhuì
期待 qīdài
久 jiǔ
能够 nénggòu
相聚 xiāngjù
届 jiè
奥运会 Ào-Yùn-Huì
电视台 diànshìtái
播 bō
电视剧 diànshìjù
季 jì
号 hào
台风 táifēng
马上 mǎshàng
登陆 dēnglù

270

2 "以为"

「認識する；～と見なす；～と思う」という意味を表すが，あとになって当初の判断が実情や事実に合わなかった場合に用いられる。

我 以为 上了 大学 就 会 轻松 一点儿 呢。
Wǒ yǐwéi shàngle dàxué jiù huì qīngsōng yìdiǎnr ne.

你 别 以为 我 不 知道。
Nǐ bié yǐwéi wǒ bù zhīdào.

我 以为 四川菜 都 很 辣，其实 也 有 不 辣 的。
Wǒ yǐwéi Sìchuāncài dōu hěn là, qíshí yě yǒu bú là de.

271

3 "没想到"

予想外の出来事や事態が発生したことを表す。「（～とは）思いもよらなかった」。

没 想到 咱们 是 同 一 所 小学 毕业 的。真 巧 啊！
Méi xiǎngdào zánmen shì tóng yì suǒ xiǎoxué bìyè de. Zhēn qiǎo a!

没 想到 一 转眼 我 已经 在 中国 待了 十 年 了。
Méi xiǎngdào yì zhuǎnyǎn wǒ yǐjīng zài Zhōngguó dāile shí nián le.

这样 的 结局 是 他 完全 没 想到 的。
Zhèyàng de jiéjú shì tā wánquán méi xiǎngdào de.

272

4 "除了～还…"

まず該当するものや主な要素を挙げて，その上さらに該当するものを付け加える。「～だけでなく…も；～のほかに…も」。

参加 比赛 的 选手 除了 初中生，还 有 小学生。
Cānjiā bǐsài de xuǎnshǒu chúle chūzhōngshēng, hái yǒu xiǎoxuéshēng.

这 部 电影 除了 有 震撼 的 画面，还 有 动人 的 情节。
Zhè bù diànyǐng chúle yǒu zhènhàn de huàmiàn, hái yǒu dòngrén de qíngjié.

除了 英语，他 还 会 说 法语。
Chúle Yīngyǔ, tā hái huì shuō Fǎyǔ.

■新出語句■

轻松 qīngsōng
四川菜 Sìchuāncài
同 tóng
所 suǒ
转眼 zhuǎnyǎn
待 dāi
结局 jiéjú
完全 wánquán
初中生 chūzhōngshēng
震撼 zhènhàn
画面 huàmiàn
动人 dòngrén
情节 qíngjié
法语 Fǎyǔ

273 ## 5 前置詞“通过”

手段や方法を導く。「～を通じて；～によって」。

通过 实习，我 体会到了 工作 的 辛苦 和 乐趣。
Tōngguò shíxí, wǒ tǐhuìdàole gōngzuò de xīnkǔ hé lèqù.

信息 通过 网络 传播到 世界 各地。
Xìnxī tōngguò wǎngluò chuánbōdào shìjiè gèdì.

学生会 主席 是 通过 选举 产生 的。
Xuéshēnghuì zhǔxí shì tōngguò xuǎnjǔ chǎnshēng de.

274 ## 6 形容詞の重ね型（2）

形容詞の重ね型は，連用修飾語（第 14 課ポイント 1 ）として用いる以外に，文の述語や補語，連体修飾語としても用いることができる。その場合は通常“的”をともなう。一般に，連体修飾語や補語として用いられるときは，重ね型になってももとの声調のままで発音する。

她 每天 都 把 自己 打扮得 漂漂亮亮 的。
Tā měitiān dōu bǎ zìjǐ dǎbande piàopiaoliàngliàng de.

他 把 事情 的 原因 分析得 清清楚楚 的。
Tā bǎ shìqing de yuányīn fēnxīde qīngqingchǔchǔ de.

你 随随便便 的 态度 让 我 感到 很 失望。
Nǐ suísuibiànbiàn de tàidu ràng wǒ gǎndào hěn shīwàng.

275 ## 7 副詞“可能”

動詞句の前に用いて，推測を表す。「もしかすると～かもしれない」。

报纸 的 发行量 以后 可能 会 越来越 少。
Bàozhǐ de fāxíngliàng yǐhòu kěnéng huì yuèláiyuè shǎo.

今年 的 水灾 可能 与 气候 变暖 有关。
Jīnnián de shuǐzāi kěnéng yǔ qìhòu biànnuǎn yǒuguān.

你 的 想法 可能 会 遭到 大家 的 反对。
Nǐ de xiǎngfǎ kěnéng huì zāodào dàjiā de fǎnduì.

实习 shíxí	各地 gèdì	原因 yuányīn	与 yǔ
体会 tǐhuì	学生会 xuéshēnghuì	分析 fēnxī	气候 qìhòu
辛苦 xīnkǔ	主席 zhǔxí	态度 tàidu	变 biàn
乐趣 lèqù	选举 xuǎnjǔ	失望 shīwàng	暖 nuǎn
信息 xìnxī	产生 chǎnshēng	报纸 bàozhǐ	有关 yǒuguān
传播 chuánbō	打扮 dǎban	发行量 fāxíngliàng	遭到 zāodào
世界 shìjiè	事情 shìqing	水灾 shuǐzāi	反对 fǎnduì

第20课 Dì èrshí kè

中国人 的 客套话——小林 直人 在 河南 大学 留学生 交流会上 的 发言
Zhōngguórén de kètàohuà Xiǎolín Zhírén zài Hénán Dàxué liúxuéshēng jiāoliúhuìshang de fāyán

276 我 叫 小林 直人，现在 在 桃乡 大学 留学。我 今天 要
Wǒ jiào Xiǎolín Zhírén, xiànzài zài Táoxiāng Dàxué liúxué. Wǒ jīntiān yào

谈 的 题目 是“中国人 的 客套话”。
tán de tímù shì “Zhōngguórén de kètàohuà”.

都 说 我们 日本人 擅长 说 客套话，中国人 比较 直接。
Dōu shuō wǒmen Rìběnrén shàncháng shuō kètàohuà, Zhōngguórén bǐjiào zhíjiē.

来了 中国 我 才 发现，中国人 也 很 会 说 客套话。我 刚
Láile Zhōngguó wǒ cái fāxiàn, Zhōngguórén yě hěn huì shuō kètàohuà. Wǒ gāng

到 北京 的 时候，有 一 次 去 学校 的 水果店 买 水果，
dào Běijīng de shíhou, yǒu yí cì qù xuéxiào de shuǐguǒdiàn mǎi shuǐguǒ,

水果店 的 阿姨 对 我 说：“你 的 汉语 说得 真 好！”我 才
shuǐguǒdiàn de āyí duì wǒ shuō: “Nǐ de Hànyǔ shuōde zhēn hǎo!” Wǒ cái

高兴了 一 分 钟，她 又 说，“你 刚才 说 你 要 买 什么？”
gāoxìngle yì fēn zhōng, tā yòu shuō, “Nǐ gāngcái shuō nǐ yào mǎi shénme?”

时间 长 了 我 才 明白，有些 话 只 是 客套话，不 能 按
Shíjiān cháng le wǒ cái míngbai, yǒuxiē huà zhǐ shì kètàohuà, bù néng àn

字面 意思 理解。
zìmiàn yìsi lǐjiě.

比如 说，我 去 朋友 家 做客，朋友 接过 我 送 的 礼物，
Bǐrú shuō, wǒ qù péngyou jiā zuòkè, péngyou jiēguò wǒ sòng de lǐwù,

277 ■新出語句■

交流会 jiāoliúhuì
谈 tán
题目 tímù
客套话 kètàohuà
擅长 shàncháng
按 àn ⇨ 1
字面 zìmiàn
理解 lǐjiě
比如 bǐrú
做客 zuò//kè
接 jiē

会 笑眯眯 地 说：“人 来了 就 好，还 带 东西 干 什么？”
huì xiàomīmī de shuō: “Rén láile jiù hǎo, hái dài dōngxi gàn shénme?”

其实 他 一点儿 也 没有 怪 我 的 意思。
Qíshí tā yìdiǎnr yě méiyou guài wǒ de yìsi.

再 比如，你 送 人 礼物 或是 要 给 人 帮忙 的 时候，
Zài bǐrú, nǐ sòng rén lǐwù huòshì yào gěi rén bāngmáng de shíhou,

即使 对方 推辞 说：“不用 了，不用 了”，你 还是 要 坚持，
jíshǐ duìfāng tuīcí shuō: “Búyòng le, búyòng le”, nǐ háishi yào jiānchí,

因为 极 有 可能 他 这样 说 只是 出于 礼貌。
yīnwèi jí yǒu kěnéng tā zhèyàng shuō zhǐshì chūyú lǐmào.

以上 就 是 我 的 一些 粗浅 的 想法，不 值得 一 听，
Yǐshàng jiù shì wǒ de yìxiē cūqiǎn de xiǎngfǎ, bù zhíde yì tīng,

希望 能 起到 抛砖引玉 的 作用。谢谢 大家。
xīwàng néng qǐdào pāo zhuān yǐn yù de zuòyòng. Xièxie dàjiā.

第
20
课

笑眯眯 xiàomīmī ⇨ 2
干什么 gàn shénme
怪 guài
或是 huòshì
帮忙 bāng//máng

即使 jíshǐ
推辞 tuīcí
坚持 jiānchí
因为 yīnwèi
极 jí ⇨ 3

出于 chūyú
礼貌 lǐmào
以上 yǐshàng
粗浅 cūqiǎn
值得 zhíde ⇨ 4

希望 xīwàng
起 qǐ
抛砖引玉 pāo zhuān yǐn yù
作用 zuòyòng

語彙・表現のポイント

278
1 前置詞“按”

行動を行なう基準や規定を導く。「～に基づいて；～に従って」。類似の用法を持つ前置詞に“按照”もあるが，“按照”のあとには二音節以上の語句やフレーズを用いる。

会议 按 计划 举行。
Huìyì àn jìhuà jǔxíng.

如果 您 信任 我，就 按 我 说 的 办。
Rúguǒ nín xìnrèn wǒ, jiù àn wǒ shuō de bàn.

请 同学们 按照 要求 回答 下列 问题。
Qǐng tóngxuémen ànzhào yāoqiú huídá xiàliè wèntí.

我 按照 您 的 建议 稍 做了 一些 修改。
Wǒ ànzhào nín de jiànyì shāo zuòle yìxiē xiūgǎi.

279
2 ABB型形容詞

現場における情景や心情などを具体的に生き生きと描く。連体修飾語，述語，連用修飾語や補語として用いることができる。

我们 的 住处 附近 有 一 片 绿油油 的 菜地。
Wǒmen de zhùchù fùjìn yǒu yí piàn lǜyōuyōu de càidì.

春天 到 了，田野里 开满了 金灿灿 的 油菜花。
Chūntiān dào le, tiányěli kāimǎnle jīncàncàn de yóucàihuā.

听到 女儿 考上 清华 大学 的 消息，她 心里 喜滋滋 的。
Tīngdào nǚ'ér kǎoshàng Qīnghuá Dàxué de xiāoxi, tā xīnli xǐzīzī de.

■新出語句■

会议 huìyì
计划 jìhuà
举行 jǔxíng
信任 xìnrèn
按照 ànzhào
要求 yāoqiú
下列 xiàliè
稍 shāo
修改 xiūgǎi
住处 zhùchù
片 piàn
绿油油 lǜyōuyōu
菜地 càidì
田野 tiányě
开 kāi
满 mǎn
金灿灿 jīncàncàn
油菜花 yóucàihuā
清华大学 Qīnghuá Dàxué
喜滋滋 xǐzīzī

280

3 副詞“极”

形容詞句または性質や心理を表す動詞句の前に用いて，程度が非常に高いことを表す。「極めて；最も」。

他 说话 极 不 文明，实在 是 太 可恶 了。
Tā shuōhuà jí bù wénmíng, shízài shì tài kěwù le.

这 个 孩子 少年老成， 办事 极 有 分寸。
Zhè ge háizi shào nián lǎo chéng, bànshì jí yǒu fēncùn.

281

4 “值得～”

損得や有意義かどうかという観点から，価値の有無を表す。「十分～するに値する；～するだけの値打ちがある」。

这 个 新产品 效果 很 好，值得 大力 推广。
Zhè ge xīnchǎnpǐn xiàoguǒ hěn hǎo, zhíde dàlì tuīguǎng.

我们 的 校长 是 一 个 值得 敬佩 的 人。
Wǒmen de xiàozhǎng shì yí ge zhíde jìngpèi de rén.

他 的 新书 陈词滥调 太 多，根本 不 值得 一 读。
Tā de xīnshū chén cí làn diào tài duō, gēnběn bù zhíde yì dú.

文明 wénmíng
实在 shízài
可恶 kěwù
少年老成 shào nián lǎo chéng
办事 bànshì
分寸 fēncùn
新产品 xīnchǎnpǐn
效果 xiàoguǒ
大力 dàlì
推广 tuīguǎng
校长 xiàozhǎng
敬佩 jìngpèi
新书 xīnshū
陈词滥调 chén cí làn diào
根本 gēnběn

第21课　中国 古人 的 快乐观
Dì èrshiyī kè　Zhōngguó gǔrén de kuàilèguān

282 中国 有 首《四喜诗》：“久 旱 逢 甘雨，他乡 遇 故知，
Zhōngguó yǒu shǒu «Sìxǐshī»: "Jiǔ hàn féng gānyǔ, tāxiāng yù gùzhī,

洞房 花烛 夜，金榜 题名 时。”
dòngfáng huāzhú yè, jīnbǎng tímíng shí."

这 是 古人 列举 的 四 种 最 快乐 的 事。在 古代 农耕
Zhè shì gǔrén lièjǔ de sì zhǒng zuì kuàilè de shì. Zài gǔdài nónggēng

社会，靠 天 吃饭，大旱 之后 终于 天 降 甘霖，自然 是 一
shèhuì, kào tiān chīfàn, dàhàn zhīhòu zhōngyú tiān jiàng gānlín, zìrán shì yí

大 喜事。至于 成家立业，在 古人 看来，是 人生 大事，也 是
dà xǐshì. Zhìyú chéng jiā lì yè, zài gǔrén kànlái, shì rénshēng dàshì, yě shì

子女 对 家族 应 尽 的 责任，所以“洞房 花烛”等于 履行了
zǐnǚ duì jiāzú yīng jìn de zérèn, suǒyǐ "dòngfáng huāzhú" děngyú lǚxíngle

结婚 的 责任，“金榜 题名”意味着 拿到了 做 官 的 资格，
jiéhūn de zérèn, "jīnbǎng tímíng" yìwèizhe nádàole zuò guān de zīgé,

283 ■新出語句■

- 快乐观 kuàilèguān
- 四喜诗 Sìxǐshī
- 旱 hàn
- 逢 féng
- 甘雨 gānyǔ
- 他乡 tāxiāng
- 故知 gùzhī
- 洞房 dòngfáng
- 花烛 huāzhú
- 夜 yè
- 金榜 jīnbǎng
- 题名 tí//míng
- 古人 gǔrén
- 列举 lièjǔ
- 快乐 kuàilè
- 古代 gǔdài
- 农耕 nónggēng
- 社会 shèhuì
- 靠 kào ⇨ [1]
- 天 tiān
- 吃饭 chī//fàn
- 大旱 dàhàn
- 之后 zhīhòu
- 降 jiàng
- 甘霖 gānlín
- 自然 zìrán
- 喜事 xǐshì
- 至于 zhìyú ⇨ [2]
- 成家立业 chéng jiā lì yè
- 看来 kànlái ⇨ [3]
- 人生 rénshēng
- 大事 dàshì
- 家族 jiāzú
- 应 yīng
- 尽 jìn
- 责任 zérèn
- 所以 suǒyǐ
- 等于 děngyú
- 履行 lǚxíng
- 意味着 yìwèizhe
- 官 guān
- 资格 zīgé

从此 有望 出人头地，满足了 家人 对 自己 前程 的 期许，都
cóngcǐ yǒuwàng chū rén tóu dì, mǎnzúle jiārén duì zìjǐ qiánchéng de qīxǔ, dōu

是 大大的 好事。那么“他乡 遇 故知”呢？从 字面上 来 看，
shì dàdàde hǎoshì. Nàme “tāxiāng yù gùzhī” ne? Cóng zìmiànshang lái kàn,

就 是“在 一 个 人生地不熟 的 地方 遇到了 老朋友”，像 是
jiù shì “zài yí ge rén shēng dì bù shú de dìfang yùdàole lǎopéngyou”, xiàng shì

在 歌颂 友情，其实 是 说“到了 一 个 陌生 的 地方 还 能
zài gēsòng yǒuqíng, qíshí shì shuō “dàole yí ge mòshēng de dìfang hái néng

有 人 关照 自己”，庆幸 的 意思 更 明显 些。
yǒu rén guānzhào zìjǐ”, qìngxìng de yìsi gèng míngxiǎn xiē.

　如此 看来，古人 对于 快乐 的 理解 比较 功利，注重
　Rúcǐ kànlái, gǔrén duìyú kuàilè de lǐjiě bǐjiào gōnglì, zhùzhòng

实用，而 不 在意 个性 的 舒展 和 精神 层次 的 追求。这
shíyòng, ér bú zàiyì gèxìng de shūzhǎn hé jīngshén céngcì de zhuīqiú. Zhè

可能 是 因为 古代 社会 并 不 像 今天 这么 富足，生存 远
kěnéng shì yīnwèi gǔdài shèhuì bìng bú xiàng jīntiān zhème fùzú, shēngcún yuǎn

比 生活 更 重要 吧。
bǐ shēnghuó gèng zhòngyào ba.

从此 cóngcǐ
有望 yǒuwàng ⇨ [4]
出人头地 chū rén tóu dì
满足 mǎnzú
前程 qiánchéng
期许 qīxǔ
好事 hǎoshì
字面上 zìmiànshang
人生地不熟 rén shēng dì bù shú
老朋友 lǎopéngyou
像 xiàng
歌颂 gēsòng
友情 yǒuqíng
陌生 mòshēng
关照 guānzhào
庆幸 qìngxìng
明显 míngxiǎn
对于 duìyú
功利 gōnglì
注重 zhùzhòng
实用 shíyòng
而 ér
在意 zàiyì
个性 gèxìng
舒展 shūzhǎn
精神 jīngshén
层次 céngcì
追求 zhuīqiú
并 bìng ⇨ [6]
富足 fùzú
生存 shēngcún
重要 zhòngyào

語彙・表現のポイント

284
1 “靠”

「もたれる，近づく」という意味の動詞であるが，それ以外に動詞として「頼る；依存する」の意味も表す。また，前置詞として，手段や道具，根拠などを導く。「～によって」。

在 家 靠 父母，出门 靠 朋友。
Zài jiā kào fùmǔ, chūmén kào péngyou.

小张 靠 打工 挣 学费 和 生活费。
Xiǎo-Zhāng kào dǎgōng zhèng xuéfèi hé shēnghuófèi.

现在 很 多 人 靠 做 瑜伽 缓解 压力。
Xiànzài hěn duō rén kào zuò yújiā huǎnjiě yālì.

285
2 接続詞“至于”

話の流れに関係のある別の話題を持ち出す働きをする。「～については；～に至っては；～のことなら」。

至于 以后 会 发生 什么，我 不 知道。
Zhìyú yǐhòu huì fāshēng shénme, wǒ bù zhīdào.

听说 他 辞职 了，至于 原因，我 不 太 清楚。
Tīngshuō tā cízhí le, zhìyú yuányīn, wǒ bú tài qīngchu.

我 想 去 旅行，至于 去 哪儿，还 没 想好。
Wǒ xiǎng qù lǚxíng, zhìyú qù nǎr, hái méi xiǎnghǎo.

286
3 “在～看来”

“在”の直後に判断や推測をする人を示し，その人の意見や認識を述べる。「～が思うに；～が見たところ」。

在 我 看来，阅读 是 最 好 的 休闲 方式。
Zài wǒ kànlái, yuèdú shì zuì hǎo de xiūxián fāngshì.

■新出語句■

挣 zhèng
学费 xuéfèi
生活费 shēnghuófèi
瑜伽 yújiā
缓解 huǎnjiě
压力 yālì
发生 fāshēng
辞职 cí//zhí
阅读 yuèdú
休闲 xiūxián
方式 fāngshì

在 初学者 看来，这 本 书 的 内容 太 难 了。
Zài chūxuézhě kànlái, zhè běn shū de nèiróng tài nán le.

在 张 老师 看来，她 是 班里 最 聪明 的 学生。
Zài Zhāng lǎoshī kànlái, tā shì bānli zuì cōngming de xuésheng.

287

4 "有望"

あとに動詞句や文をともない，希望的観測を表す。「～する見込みがある；～する希望が持てる」。

这 次 比赛 我们 队 有望 夺冠。
Zhè cì bǐsài wǒmen duì yǒuwàng duóguàn.

这 款 新产品 有望 在 今年 上市。
Zhè kuǎn xīnchǎnpǐn yǒuwàng zài jīnnián shàngshì.

这 次 会谈 有望 缓解 两国 间 的 紧张 关系。
Zhè cì huìtán yǒuwàng huǎnjiě liǎngguó jiān de jǐnzhāng guānxi.

288

5 "从～来看"

"从"のあとに根拠や範囲，基準などを示し，それに基づいた観察結果や判断を述べる。「～から見れば」。

从 神情 来 看，他 似乎 不 太 高兴。
Cóng shénqíng lái kàn, tā sìhū bú tài gāoxìng.

从 全球 来看，气候 变暖 现象 日益 严重。
Cóng quánqiú láikàn, qìhòu biànnuǎn xiànxiàng rìyì yánzhòng.

从 数据上 来看，近年 公司 的 利润 持续 增长。
Cóng shùjùshang láikàn, jìnnián gōngsī de lìrùn chíxù zēngzhǎng.

初学者 chūxuézhě
内容 nèiróng
队 duì
夺冠 duó//guàn
款 kuǎn
上市 shàng//shì
会谈 huìtán
间 jiān
神情 shénqíng
似乎 sìhū
全球 quánqiú
日益 rìyì
严重 yánzhòng
数据 shùjù
近年 jìnnián
利润 lìrùn
持续 chíxù
增长 zēngzhǎng

289

6 副詞“并”

否定辞“不”や“没有”などの前に用いて，事実が予想に反したり意外なことであったりするという意味を表す。「決して；まったく；それほど」。

眼泪 并 不 意味着 软弱。
Yǎnlèi bìng bú yìwèizhe ruǎnruò.

收入 和 工作 能力 并 不 总是 相关 的。
Shōurù hé gōngzuò nénglì bìng bù zǒngshì xiāngguān de.

虽然 下 雪 了，天气 却 并 没有 前 几 天 冷。
Suīrán xià xuě le, tiānqì què bìng méiyou qián jǐ tiān lěng.

290

7 形容詞“远”の派生義用法

“远”は空間的·時間的な隔たりが大きい（=「遠い」）という意味以外に，「差や違いが大きい，甚だしい」という意味も表す。連用修飾語で用いられると「はるかに」という意味を表す。

他 的 记忆力 远 超过 常人。
Tā de jìyìlì yuǎn chāoguò chángrén.

我 的 汉语 水平 还 差得 远 呢。
Wǒ de Hànyǔ shuǐpíng hái chàde yuǎn ne.

我 现在 的 体力 远 不如 以前 了。
Wǒ xiànzài de tǐlì yuǎn bùrú yǐqián le.

■新出語句■

眼泪 yǎnlèi
软弱 ruǎnruò
收入 shōurù
能力 nénglì
相关 xiāngguān
虽然 suīrán
却 què
记忆力 jìyìlì
超过 chāoguò
常人 chángrén
差 chà
体力 tǐlì
以前 yǐqián

語彙索引

本テキスト収録の単語をピンインアルファベット順に配列する。
数字は課を表す。ゴチック体の数字は，その単語が課の本文に記載されていることを表す。
丸囲みの数字は文法ポイント番号を表す。

餐桌	cānzhuō	16	⑤
草莓	cǎoméi	2	
层次	céngcì	21	
差别	chābié	8	
茶	chá	2	④
查	chá	9	
茶壶	cháhú	4	常用量詞表
茶卡盐湖	Chákǎ Yánhú	4	④
茶叶	cháyè	9	コラム
差［動詞］（足りない）	chà	2	⑥
差［形容詞］（差がある）	chà	21	⑦
差点儿	chàdiǎnr	17	
柴达木盆地	Cháidámù Péndì	4	④
产生	chǎnshēng	19	⑤
尝	cháng	12	③
长	cháng	7	①
长城	Chángchéng	10	⑥
常人	chángrén	21	⑦
尝试	chángshì	18	④
场［名詞］（舞台）	chǎng	13	
唱	chàng	3	⑥
超过	chāoguò	21	⑦
超市	chāoshì	7	④
吵	chǎo	15	
吵架	chǎo//jià	11	
车	chē	3	
车辆	chēliàng	9	⑥
车站	chēzhàn	1	③
陈［姓］	Chén	5	④
陈词滥调	chén cí làn diào	20	④
趁	chèn	17	②
成 補語（〜になる）	chéng	12	
成都	Chéngdū	8	③
成绩	chéngjì	14	
成家立业	chéng jiā lì yè	21	
城市	chéngshì	10	①
程序	chéngxù	3	④
吃	chī	2	④
吃饭	chī//fàn	21	
持续	chíxù	21	⑤
宠物	chǒngwù	10	⑤
抽烟	chōu yān	12	①
出	chū	6	③
出版社	chūbǎnshè	6	③
出口	chūkǒu	15	
出门	chū//mén	2	③
出人头地	chū rén tóu dì	21	
初学者	chūxuézhě	21	③
出于	chūyú	20	
初中生	chūzhōngshēng	19	④
出租车	chūzūchē	8	①
厨房	chúfáng	6	③
除了	chúle	17	
穿（着る）	chuān	3	④
穿［動詞］（通り抜ける）	chuān	15	④
川菜	Chuāncài	5	⑤
传播	chuánbō	19	⑤
窗户	chuānghu	13	⑥
窗口	chuāngkǒu	3	
床［名詞］	chuáng	4	常用量詞表
吹	chuī	5	④
春天	chūntiān	6	①
词	cí	10	
次	cì	6	
词典	cídiǎn	4	④
辞职	cí//zhí	21	②
聪明	cōngming	16	④
从	cóng	15	
从此	cóngcǐ	21	
粗浅	cūqiǎn	20	
醋	cù	4	常用量詞表
错	cuò	12	④

D

答复	dáfù	12	③
打〈〜太極拳〉	dǎ	1	②
打〈〜球〉	dǎ	4	⑥
打〈〜瞌睡〉	dǎ	11	⑤
打〈〜方向盘〉	dǎ	15	⑥
打扮	dǎban	19	⑥
打车	dǎ//chē	5	②
打工	dǎ//gōng	17	⑥
打算	dǎsuan	18	
打针	dǎ//zhēn	3	⑤
打字	dǎ zì	12	コラム
大	dà	10	③
大阪	Dàbǎn	1	③
大病	dàbìng	8	
大城市	dàchéngshì	15	
大旱	dàhàn	21	
大后年	dàhòunián	3	付表
大后天	dàhòutiān	3	付表
大环境	dàhuánjìng	18	
大家	dàjiā	7	⑥
大力	dàlì	20	④
大前年	dàqiánnián	3	付表
大前天	dàqiántiān	3	付表
大声	dàshēng	7	⑤
大事	dàshì	21	
大象	dàxiàng	7	①
大学	dàxué	1	
大衣	dàyī	4	常用量詞表
大邮局	dàyóujú	9	
待	dāi	19	③
戴	dài	9	⑥
带（率いる）	dài	7	
带（身につける）	dài	9	
单位	dānwèi	17	④
胆子	dǎnzi	12	④
蛋糕	dàngāo	4	①
淡季	dànjì	8	②
但是	dànshì	8	
当然	dāngrán	5	
当	dàng	11	
刀	dāo	4	常用量詞表
倒	dǎo	16	①
倒闭	dǎobì	17	③
到［動詞］	dào	5	②
到（補語：達成）	dào	10	
道［量詞］	dào	15	⑦
道理	dàoli	19	

精	jīng	15	③
经常	jīngcháng	14	③
京都	Jīngdū	2	⑤
经济学	jīngjìxué	2	
精美	jīngměi	16	⑤
精神	jīngshén	21	
警察	jǐngchá	9	①
敬佩	jìngpèi	20	④
九	jiǔ	1	コラム
酒	jiǔ	8	コラム
久	jiǔ	19	
旧	jiù	4	④
就	jiù	11	
就(すぐに)	jiù	13	
就(まさしく)	jiù	15	
舅舅	jiùjiu	1	親族呼称表
就业	jiù//yè	18	
举行	jǔxíng	20	①
聚会	jùhuì	1	⑥
句子	jùzi	7	③
卷	juàn	19	
决定	juédìng	12	③

K

咖啡	kāfēi	4	
卡车	kǎchē	4	常用量詞表
卡拉OK	kǎlā OK	3	⑥
开(運転する)	kāi	12	
开 方向補語	kāi	18	①
开[動詞](咲く)	kāi	20	②
开门	kāi//mén	2	
开始	kāishǐ	13	④
开心	kāixīn	10	②
看	kàn	2	③
看(診察する)	kàn	7	
看[助詞]	kàn	14	
看来	kànlái	21	
考	kǎo	6	⑦
烤	kǎo	13	⑤
考试	kǎoshì	6	⑦
烤鸭	kǎoyā	11	⑥
靠	kào	21	
瞌睡	kēshuì	11	⑤
可口	kěkǒu	19	
可乐	kělè	2	①
可怜	kělián	9	③
可能	kěnéng	19	
可恶	kěwù	20	③
可以	kěyǐ	12	
刻[量詞](15分)	kè	2	⑥
课[名詞](授業)	kè	2	
客气	kèqi	8	③
客人	kèren	11	①
客套话	kètàohuà	20	
肯定	kěndìng	13	
恐怖	kǒngbù	12	④
口[量詞](口から出るもの)	kǒu	8	⑥
口琴	kǒuqín	5	④
口语	kǒuyǔ	12	④
哭	kū	13	コラム
酷	kù	5	
裤子	kùzi	4	常用量詞表
快	kuài	6	①
快[副詞]	kuài	15	
块[量詞]	kuài	4	①
块(通貨単位)	kuài	5	
快餐店	kuàicāndiàn	1	⑤
快递	kuàidì	9	
快乐	kuàilè	21	
快乐观	kuàilèguān	21	
款	kuǎn	21	④
困难	kùnnan	19	

L

辣	là	6	⑥
啦	la	12	
来[動詞](来る)	lái	1	ドリル
来(積極性)	lái	15	
来得及	láidejí	13	
来往	láiwǎng	9	⑥
篮球	lánqiú	11	③
兰州	Lánzhōu	15	④
浪费	làngfèi	6	④
老[接頭辞]	lǎo	6	③
老板	lǎobǎn	16	
姥姥	lǎolao	1	親族呼称表
老年人	lǎoniánrén	18	④
老朋友	lǎopéngyou	21	
老师	lǎoshī	5	④
姥爷	lǎoye	1	親族呼称表
乐趣	lèqù	19	⑤
了[動詞接尾辞]	le	4	
了[文末助詞]	le	6	
雷[姓]	Léi	15	⑤
累	lèi	6	②
冷	lěng	8	コラム
离[前置詞]	lí	17	
离[動詞](離れる)	lí	18	①
厘米	límǐ	2	④
李[姓]	Lǐ	1	④
里	lǐ	2	②
理工科	lǐgōngkē	7	①
理解	lǐjiě	20	
礼貌	lǐmào	20	
礼物	lǐwù	18	②
厉害	lìhai	12	
利润	lìrùn	21	⑤
历史	lìshǐ	10	①
里	li	2	
俩	liǎ	14	
联欢会	liánhuānhuì	2	①
联系	liánxi	10	④
连衣裙	liányīqún	3	④
脸	liǎn	11	⑤
脸色	liǎnsè	7	
练	liàn	12	
两	liǎng	2	⑥
辆	liàng	4	常用量詞表
了解	liǎojiě	19	
列举	lièjǔ	21	
林	Lín	1	
淋	lín	13	⑤
零	líng	2	⑥
刘[姓]	Liú	10	⑤
流感	liúgǎn	3	⑤
流利	liúlì	11	③
流量	liúliàng	6	
流行	liúxíng	4	⑤
留学	liú//xué	9	①
留学生	liúxuéshēng	1	

M

N

O

P

旁	páng	2	②
旁边儿	pángbiānr	2	②
胖	pàng	12	⑤
抛砖引玉	pāo zhuān yǐn yù	20	
跑	pǎo	6	③
跑(逃げる)	pǎo	11	①
跑步	pǎo//bù	4	⑤
陪练	péiliàn	12	
朋友	péngyou	6	
批[量詞]	pī	15	④
批评	pīpíng	13	コラム
啤酒	píjiǔ	2	コラム
脾气	píqi	14	
篇	piān	13	③
便宜	piányi	4	
便宜货	piányihuò	7	ドリル
片[量詞](～切れ)	piàn	4	①
片[量詞](一面の)	piàn	20	②
骗	piàn	11	②
票	piào	4	常用量詞表
漂亮	piàoliang	11	③
瓶	píng	2	コラム
苹果	píngguǒ	4	常用量詞表
屏幕	píngmù	11	②
平时	píngshí	6	⑥
普通	pǔtōng	19	

Q

七	qī	1	コラム
期待	qīdài	19	
期间	qījiān	11	①
期末	qīmò	11	②
期许	qīxǔ	21	
妻子	qīzi	1	親族呼称表
骑	qí	8	④
齐	qí	13	
其实	qíshí	12	
其他	qítā	17	
起[方向動詞]	qǐ	6	③
起[動詞](起きる)	qǐ	10	
起[動詞](発揮する)	qǐ	20	
起床	qǐ//chuáng	13	③
气[名詞]	qì	8	⑥
汽车	qìchē	4	常用量詞表
气候	qìhòu	19	⑦
千	qiān	5	コラム
铅笔	qiānbǐ	4	常用量詞表
谦虚	qiānxū	10	
千叶	Qiānyè	3	①
前	qián	2	②
前[方位詞](時間)	qián	8	④
钱	qián	5	
前程	qiánchéng	21	
前年	qiánnián	3	付表
前天	qiántiān	3	付表
墙	qiáng	16	⑤
巧	qiǎo	6	
琴	qín	16	④
清楚	qīngchu	6	②
青海	Qīnghǎi	4	④
清华大学	Qīnghuá Dàxué	20	②
轻松	qīngsōng	19	②
情节	qíngjié	19	④
情况	qíngkuàng	15	ドリル
请	qǐng	1	
请假	qǐng//jià	7	
请客	qǐng//kè	14	①
请问	qǐngwèn	5	①
庆幸	qìngxìng	21	
取	qǔ	9	
取款机	qǔkuǎnjī	2	②
去	qù	2	
去年	qùnián	3	付表
全球	quánqiú	21	⑤
全身	quánshēn	13	⑤
却	què	21	⑥
确认	quèrèn	9	⑥
确实	quèshí	17	
裙子	qúnzi	7	①

R

然后	ránhòu	5	⑥
让(使役)	ràng	9	
让(受け身)	ràng	13	
热(暑い)	rè	6	ドリル
热(熱い)	rè	17	②
热爱	rè’ài	2	⑤
热闹	rènao	4	④
人	rén	2	ドリル
人们	rénmen	18	①
人生	rénshēng	21	
人生地不熟	rén shēng dì bù shú	21	
人员	rényuán	12	①
任何	rènhé	11	④
认识	rènshi	11	
认真	rènzhēn	14	
扔	rēng	13	⑤
日	rì	2	コラム
日本	Rìběn	1	
日本菜	Rìběncài	4	⑦
日本人	Rìběnrén	1	ドリル
日文	Rìwén	6	コラム例文
日益	rìyì	21	⑤
日语	Rìyǔ	11	③
肉	ròu	4	常用量詞表
如此	rúcǐ	19	
如果	rúguǒ	9	④
软弱	ruǎnruò	21	⑥

S

三	sān	1	コラム
三甲	sān jiǎ	8	
伞	sǎn	11	
嗓子	sǎngzi	7	
涩谷	Sègǔ	4	②
山	shān	2	②
山水画	shānshuǐhuà	16	⑤
擅长	shàncháng	20	
扇子	shànzi	4	常用量詞表
商量	shāngliang	6	⑤
商品	shāngpǐn	5	
上[動詞](勤務や学習を始める)	shàng	2	
上[方位詞]	shàng	2	②
上[動詞](アクセスする)	shàng	5	
上[方向動詞]	shàng	6	③
上[動詞](乗る)	shàng	8	④

T

他	tā	1	①
它	tā	1	①
她	tā	1	
他们	tāmen	1	①
它们	tāmen	1	①
她们	tāmen	1	①
掏	tāo	6	③
他乡	tāxiāng	21	
台[量詞]	tái	4	ドリル
台风	táifēng	19	①
太	tài	6	
态度	tàidu	19	⑥
太古里	Tàigǔlǐ	6	⑤
太极拳	tàijíquán	1	②
弹	tán	16	④
谈	tán	20	
弹奏	tánzòu	12	⑥
糖	táng	4	常用量詞表
躺	tǎng	9	コラム
趟	tàng	7	
套	tào	10	④
特别	tèbié	11	③
特色	tèsè	15	④
疼	téng	7	
题	tí	15	⑦
提高	tígāo	12	④
题名	tí//míng	21	
题目	tímù	20	
提前	tíqián	17	
体会	tǐhuì	19	⑤
体力	tǐlì	21	⑦
屉[量詞]	tì	17	②
天[量詞]	tiān	4	
天[名詞]	tiān	21	
添	tiān	8	
天安门	Tiān'ānmén	5	①
天津	Tiānjīn	2	⑤
天气	tiānqì	6	①
天色	tiānsè	14	⑥
天坛	Tiāntán	2	②
甜食	tiánshí	12	⑤
田野	tiányě	20	②
挑	tiāo	18	
条	tiáo	4	①
听	tīng	6	
听说	tīng//shuō	10	
停	tíng	9	①
挺	tǐng	10	
通过	tōngguò	19	
通顺	tōngshùn	7	③
同	tóng	19	③
同学	tóngxué	11	
痛快	tòngkuài	14	①
偷	tōu	13	⑤
头[接尾辞]	tóu	2	②
头[量詞]	tóu	4	①
头[名詞]	tóu	7	
头发	tóufa	4	常用量詞表
图书馆	túshūguǎn	1	⑤
推辞	tuīcí	20	
推广	tuīguǎng	20	④
脱	tuō	11	②

W

袜子	wàzi	4	常用量詞表
哇[文末助詞]	wa	2	
外	wài	2	②
外国	wàiguó	12	ドリル
外面	wàimiàn	11	
外人	wàirén	11	
外语	wàiyǔ	1	
完	wán	6	
玩具	wánjù	9	②
完全	wánquán	19	③
玩(儿)	wán(r)	3	⑥
碗	wǎn	6	①
晚	wǎn	6	②
晚饭	wǎnfàn	4	②
晚上	wǎnshang	2	
万	wàn	5	コラム
王[姓]	Wáng	1	②
王府井	Wángfǔjǐng	4	④
网(インターネット)	wǎng	5	
往	wǎng	15	⑤
网络	wǎngluò	18	①
网站	wǎngzhàn	5	
忘	wàng	9	
旺季	wàngjì	8	②
位	wèi	1	注
喂[感嘆詞]	wèi	3	
味道	wèidao	13	コラム
为什么[疑問詞]	wèi shénme	8	③
文化	wénhuà	10	
文件	wénjiàn	9	②
文明	wénmíng	20	③
文学	wénxué	2	⑤
文学家	wénxuéjiā	1	④
问	wèn	9	④
问题	wèntí	4	常用量詞表
我	wǒ	1	
我们	wǒmen	1	①
五	wǔ	1	コラム
午餐	wǔcān	5	⑥
物理	wùlǐ	1	②

X

西	xī	2	②
西安	Xī'ān	2	⑤
西安人	Xī'ānrén	4	⑦
西边儿	xībianr	2	②
西服	xīfú	10	④
希望	xīwàng	20	
西游记	Xīyóujì	5	⑤
习惯	xíguàn	6	⑦
洗	xǐ	6	②
喜欢	xǐhuan	4	⑦
洗面奶	xǐmiànnǎi	17	①
喜怒哀乐	xǐ nù āi lè	18	④
喜事	xǐshì	21	
洗手间	xǐshǒujiān	3	②
洗澡	xǐ//zǎo	5	ドリル
喜滋滋	xǐzīzī	20	②
下[方位詞]	xià	2	②
下[動詞](勤務や学習を終える)	xià	4	②
下[方向動詞]	xià	6	
下[方位詞](次の)	xià	6	

下[動詞](降る)	xià	11	
下班	xià//bān	7	④
下(个)星期	xià (ge) xīngqī	3	付表
下(个)月	xià (ge) yuè	3	付表
下列	xiàliè	20	①
厦门	Xiàmén	5	②
下午	xiàwǔ	3	付表
下下(个)星期	xiàxià (ge) xīngqī	3	付表
下下(个)月	xiàxià (ge) yuè	3	付表
下学	xià//xué	9	⑥
先	xiān	5	
先农坛	Xiānnóngtán	2	②
县	xiàn	3	①
线	xiàn	4	常用量詞表
现象	xiànxiàng	10	①
现在	xiànzài	2	
香港	Xiānggǎng	5	②
相关	xiāngguān	21	⑥
香蕉	xiāngjiāo	2	
相聚	xiāngjù	19	
箱子	xiāngzi	9	
想[助動詞]	xiǎng	2	
想[動詞]	xiǎng	12	③
想法	xiǎngfǎ	18	
向[前置詞]	xiàng	15	
像	xiàng	21	
向导	xiàngdǎo	15	⑦
小[接頭辞]	xiǎo	1	④
小本儿	xiǎoběnr	6	③
小孩子	xiǎoháizi	18	⑤
小红[名前]	Xiǎohóng	16	④
小黄帽	xiǎohuángmào	9	⑥
小路	xiǎolù	15	
小明[名前]	Xiǎomíng	18	②
小朋友	xiǎopéngyou	2	コラム
小时	xiǎoshí	4	
小说	xiǎoshuō	3	ドリル

小心	xiǎoxīn	8	⑤
小学	xiǎoxué	15	①
小学生	xiǎoxuéshēng	9	⑥
效果	xiàoguǒ	20	④
笑脸	xiàoliǎn	19	
笑眯眯	xiàomīmī	20	
校外	xiàowài	9	
校医院	xiàoyīyuàn	8	
校园	xiàoyuán	12	①
校长	xiàozhǎng	20	④
些	xiē	9	③
鞋	xié	4	常用量詞表
写	xiě	3	ドリル
谢谢	xièxie	1	
新	xīn	4	④
新产品	xīnchǎnpǐn	20	④
新大阪	Xīndàbǎn	1	③
辛苦	xīnkǔ	19	⑤
心里	xīnli	10	②
新生	xīnshēng	18	④
新书	xīnshū	20	④
新宿	Xīnsù	3	ドリル
信	xìn	7	⑥
信任	xìnrèn	20	①
信息	xìnxī	19	⑤
信用卡	xìnyòngkǎ	8	
星期二	xīngqī èr	2	コラム
星期六	xīngqī liù	2	コラム
星期三	xīngqī sān	2	コラム
星期四	xīngqī sì	2	コラム
星期天	xīngqī tiān	2	
星期五	xīngqī wǔ	2	コラム
星期一	xīngqī yī	2	コラム
行[形容詞]	xíng	7	
行(書)[動詞]	xíng	19	
行李	xíngli	4	③
醒	xǐng	13	④
姓[動詞]	xìng	1	
兴趣	xìngqù	9	④
兄弟	xiōngdì	2	①
修改	xiūgǎi	20	①
休息	xiūxi	2	③
休闲	xiūxián	21	③

虚心	xūxīn	9	①
需要	xūyào	9	
许多	xǔduō	19	
选	xuǎn	10	
选举	xuǎnjǔ	19	⑤
选手	xuǎnshǒu	8	②
选修课	xuǎnxiūkè	2	
选择	xuǎnzé	5	
学	xué	5	②
学费	xuéfèi	21	①
学分	xuéfēn	10	
学生会	xuéshēnghuì	19	⑤
学生证	xuéshēngzhèng	11	②
学生	xuésheng	1	
学校	xuéxiào	1	⑤
学院	xuéyuàn	1	
雪	xuě	11	③

Y

压力	yālì	21	①
牙膏	yágāo	17	①
雅思	Yǎsī	14	
呀[文末助詞]	ya	2	
烟[名詞](タバコ)	yān	4	常用量詞表
研究	yánjiū	1	②
研究生	yánjiūshēng	18	
颜色	yánsè	7	①
严重	yánzhòng	21	⑤
眼镜	yǎnjìng	1	⑤
眼睛	yǎnjing	4	常用量詞表
眼泪	yǎnlèi	21	⑥
燕子	yànzi	9	②
杨[姓]	Yáng	1	
养	yǎng	10	⑤
样子	yàngzi	13	コラム
邀请	yāoqǐng	18	
要求	yāoqiú	20	①
要[動詞]	yào	1	③
要[助動詞](願望·意図)	yào	6	
要[助動詞](義務)	yào	9	

Z

张[姓]	Zhāng	1	②
张[量詞]	zhāng	4	①
长	zhǎng	11	③
丈夫	zhàngfu	1	親族呼称表
账号	zhànghào	5	
着急	zháojí	9	
找(訪ねる)	zhǎo	5	⑥
照片	zhàopiàn	4	常用量詞表
照相机	zhàoxiàngjī	4	常用量詞表
这	zhè	1	
这(个)星期	zhè (ge) xīngqī	3	付表
这(个)月	zhè (ge) yuè	3	付表
这里	zhèli	3	②
这么	zhème	8	
这样	zhèyàng	15	
着[動詞接尾辞]	zhe	13	
这个	zhèige	1	③
真	zhēn	5	
珍贵	zhēnguì	15	④
真正	zhēnzhèng	18	①
震撼	zhènhàn	19	④
正	zhèng	16	
挣	zhèng	21	①
正好	zhènghǎo	7	
证件	zhèngjiàn	9	
正宗	zhèngzōng	5	⑤
这儿	zhèr	3	②
枝	zhī	4	常用量詞表
只	zhī	4	常用量詞表
织	zhī	17	⑥
知道	zhīdao	4	
支付	zhīfù	9	③
之后	zhīhòu	21	
之前	zhīqián	10	③
值得	zhíde	20	
直接	zhíjiē	18	
只	zhǐ	9	
纸	zhǐ	4	①
指教	zhǐjiào	1	
治	zhì	6	②
智能	zhìnéng	4	⑤
至少	zhìshǎo	17	
至于	zhìyú	21	
志愿者	zhìyuànzhě	3	⑤
钟[名詞]	zhōng	2	⑥
中国	Zhōngguó	1	⑥
中国菜	Zhōngguócài	4	⑦
中国人	Zhōngguórén	1	ドリル
钟头	zhōngtóu	6	コラム例文
中文	Zhōngwén	10	
中午	zhōngwǔ	3	
中心	zhōngxīn	17	
终于	zhōngyú	6	②
种	zhǒng	4	⑤
重	zhòng	10	⑥
中	zhòng	10	⑤
重要	zhòngyào	21	
周五	zhōu wǔ	15	
猪	zhū	4	常用量詞表
主席	zhǔxí	19	⑤
住	zhù	9	コラム
祝	zhù	6	
注册	zhùcè	5	
住处	zhùchù	20	②
著名	zhùmíng	4	④
注重	zhùzhòng	21	
抓	zhuā	13	コラム
专业	zhuānyè	2	ドリル
转眼	zhuǎnyǎn	19	③
装	zhuāng	9	
撞	zhuàng	15	⑥
追求	zhuīqiú	21	
准备	zhǔnbèi	14	
桌子	zhuōzi	2	②
资格	zīgé	21	
资料	zīliào	16	
子女	zǐnǚ	1	④
自动	zìdòng	2	②
自画像	zìhuàxiàng	1	⑤
自己	zìjǐ	2	①
字面	zìmiàn	20	
自然	zìrán	21	
自习室	zìxíshì	12	①
自行车	zìxíngchē	4	常用量詞表
总是	zǒngshì	8	③
走(移動する)	zǒu	5	①
走(歩く)	zǒu	6	②
走(離れる)	zǒu	13	
走路	zǒu//lù	7	⑤
租	zū	8	①
租房	zū//fáng	7	②
醉	zuì	8	⑥
最	zuì	15	④
最近	zuìjìn	12	⑤
遵守	zūnshǒu	8	④
昨天	zuótiān	2	④
左	zuǒ	2	②
坐(乗る)	zuò	6	コラム例文
坐(座る)	zuò	9	コラム
座[量詞]	zuò	10	①
做(する・やる)	zuò	3	⑤
做饭	zuò//fàn	3	
做客	zuò//kè	20	
作用	zuòyòng	20	
座儿[名詞]	zuòr	13	

小 野 秀 樹（東京大学大学院総合文化研究科 教授）
賈　黎　黎（東京大学教養学部 特任准教授）
吉 川 雅 之（東京大学大学院総合文化研究科 教授）
小嶋美由紀（関西大学外国語学部 教授）
李　佳　樑（東京大学大学院総合文化研究科 准教授）

汉语课本 Hànyǔ Kèběn　　音声ダウンロード

2021年 3 月22日　初版発行
2024年 3 月22日　第4刷発行

著　者　小野秀樹・賈黎黎・吉川雅之・小嶋美由紀・李佳樑
発行者　佐藤和幸
発行所　白 帝 社
〒171-0014　東京都豊島区池袋 2-65-1
電話　03-3986-3271　　FAX　03-3986-3272
info@hakuteisha.co.jp　https://www.hakuteisha.co.jp/

印刷　倉敷印刷㈱　　製本　ティーケー出版印刷㈱

Printed in Japan〈検印省略〉6914　　ISBN978-4-86398-422-6
　　＊定価は表紙に表示してあります。